Il Potere della Disciplina Positiva

7 Tecniche Facili Facili per Rafforzare la Forza di Volontà, Migliorare la Resistenza Mentale e Raggiungere i Tuoi Obiettivi Senza Sforzo

Logan Mind

EMOTIONAL INTELLIGENCE
for Social Success

FREE DOWNLOAD: pxl.to/loganmindfreebook

LOGAN MIND

EXTRAS

https://pxl.to/LoganMind

Books

Workbooks

FREE GIFTS

Review Team

Audiobooks

Contacts

CLICK NOW!

@loganmindpsychology

Ottieni il tuo libro gratuito!

Come segno di ringraziamento per il tuo acquisto, sto offrendo il libro **Intelligenza Emotiva per il Successo Sociale** gratuitamente ai miei lettori.

All'interno del libro, scoprirai:

- Come leggere e influenzare le emozioni degli altri
- Tecniche per gestire ed utilizzare in modo efficace le tue emozioni
- Strategie per stabilire relazioni personali e professionali più forti
- Suggerimenti per migliorare le abilità sociali per una vita più appagante

Se desideri padroneggiare le abilità per migliorare le tue interazioni sociali e costruire relazioni migliori, assicurati di scaricare il libro gratuito.

Come ottenere il libro:

- Segui il link qui sotto
- Clicca su Libro Gratuito
- Inserisci la lingua
- Scarica il tuo libro!

Per accedere istantaneamente vai su:

https://pxl.to/LoganMind

Come scaricare i tuoi extra

Benvenuto! Questo libro promette di fornirti gli strumenti e le tecniche per sfruttare il potere della disciplina personale positiva. Ma perché fermarsi qui? Immagina di avere risorse aggiuntive a portata di mano per rendere il tuo **percorso** più agevole e arricchente. Ecco perché offro alcuni extra incredibilmente **preziosi** per aiutarti a **applicare immediatamente ciò che impari**, potenziare la tua forza di volontà e mantenere i tuoi progressi.

Questi extra sono progettati per fungere da **sistema di supporto complementare** per la tua pratica di disciplina personale, rendendola più facile e **più efficace**:

- **Sfida dei 21 Giorni**: Una guida pratica passo dopo passo per avviare la tua disciplina e costruire slancio.
- **101+ Citazioni Motivazionali per la Forza di Volontà**: Ispirazioni rapide per mantenerti motivato e concentrato.
- **Checklist delle Abitudini Quotidiane**: Strutturata per aiutarti a monitorare e mantenere le tue nuove abitudini positive.
- **Bonus: Intelligenza Emotiva per il Successo Sociale**: Una risorsa completa per migliorare le tue capacità relazionali.

Segui questi semplici passaggi per scaricare i tuoi extra:

- Segui il link qui sotto
- Clicca sulla copertina del libro

- Clicca su EXTRA
- Inserisci la lingua che parli
- Clicca su Scarica
- Scarica dalla pagina che si apre successivamente.

Controlla gli extra qui:

https://pxl.to/LoganMind

Interessato ad Altri Libri?

Stai trovando valore in questo libro? Immagina quanto più profonda potrebbe diventare la tua comprensione con letture complementari su argomenti correlati. Esplorare diversi aspetti della crescita personale non farà altro che consolidare ed espandere i considerevoli progressi che hai già raggiunto.

- **Forza Mentale e Resilienza:**

Mentre hai padroneggiato le tecniche in questo libro, sviluppare la forza mentale è un altro passo critico. Il mio prossimo rilascio si concentra sulla costruzione di una mentalità indomita per affrontare con grazia le sfide della vita. Questo aggiornamento alla tua lettura si armonizzerà con le tue attuali conoscenze e ti renderà ancora più resiliente.

- **Consapevolezza e Meditazione:**

Essere disciplinati è, ovviamente, vitale. Ma abbinare la tua nuova disciplina con consapevolezza e meditazione può amplificare significativamente la tua vita quotidiana. Nella mia guida strutturata, troverai tecniche pratiche per raggiungere serenità e concentrazione attraverso pratiche consapevoli. Aspettala presto sugli scaffali.

- **Trucchi e Abitudini di Produttività:**

Massimizzare il potere delle azioni disciplinate richiede una gestione efficace del tempo e abitudini che supportino i tuoi obiettivi. Il mio libro recentemente pubblicato approfondisce potenti trucchi di produttività che possono trasformare una routine banale in un flusso di lavoro ottimizzato. Questa risorsa è su misura per completare tutto ciò che hai appreso dai materiali di lettura attuali.

Queste letture supplementari non solo approfondiranno la tua comprensione della positiva autodisciplina, ma arricchiranno significativamente il tuo percorso complessivo di crescita personale.

Interessato ad accedere ad altri dei miei lavori? **Segui il link** qui sotto:

- **Controlla i libri e i contatti qui**:

https://pxl.to/LoganMind

Unisciti al mio Team di Recensioni!

Grazie mille per aver letto il mio libro! Il tuo supporto significa molto per me e sono entusiasta di offrire un'opportunità ai lettori come te di diventare una parte integrante del mio **Team di recensioni**.

Se ami leggere e sei desideroso di mettere le mani su nuovi libri, mi piacerebbe averti a bordo. Unendoti al mio **team ARC**, riceverai copie gratuite dei miei prossimi libri in cambio del tuo onesto feedback. Questo feedback è inestimabile e mi aiuta a migliorare ad ogni uscita.

Ecco come puoi unirti:

- Clicca sul link o scannerizza il codice QR qui sotto.
- Clicca sulla copertina del libro nella pagina che si apre.
- Clicca su "Unisciti al Team di Recensioni."
- Registrati su BookSprout.
- Ricevi una notifica ogni volta che pubblico un nuovo libro.

Scopri il team qui:

https://pxl.to/LoganMind

Introduzione

"La disciplina personale è il potere magico che ti rende praticamente imbattibile."

Queste parole ti colpiscono? Ti confondono, anche solo un po', come alcune persone sembrano possedere una forza quasi magica che le spinge verso i loro obiettivi, mentre il resto di noi lotta con la procrastinazione e l'auto-dubbio?

Ecco qualcosa che ho imparato attraverso il coaching di innumerevoli individui e lavorando con alcune delle menti più brillanti nei settori leader: non è magia, è **disciplina**. Più specificamente, è **disciplina personale positiva**. Potresti chiederti cosa renda diversa la disciplina positiva dalla disciplina personale che tutti abbiamo provato a un certo punto, con diversi gradi di successo.

In questo libro, ti guiderò nell'approfondire questa distinzione. Ammettiamolo: tutti lottiamo con il rimanere impegnati nei nostri obiettivi a un certo punto. Potrebbe essere il mantenere una routine di fitness, resistere a quel pezzo di torta in più, o affrontare un progetto impegnativo sul lavoro. Il contenuto qui è progettato per rinforzare la tua forza di volontà, potenziare la tua resistenza mentale e, alla fine - sì, **con fiducia** - aiutarti a raggiungere i tuoi obiettivi senza la solita lotta.

Voglio che rifletti su alcune delle frustrazioni che affronti ogni giorno. Forse riguardano la procrastinazione su progetti importanti. O forse è quel critico interno che ti abbassa. Credimi, so quanto possano essere paralizzanti queste barriere perché le ho affrontate anch'io. I benefici che otterrai immergendoti in questo libro sono immensi. Acquisirai tecniche illuminanti allineate con il comportamento umano e la psicologia, metodi che ho sia ricercato che applicato nelle mie sessioni di coaching con dirigenti e singoli individui.

Ecco perché puoi fidarti di ciò che ti sto condividendo. Il mio lavoro è sempre stato quello di colmare il divario tra teorie psicologiche altisonanti e applicazione nel mondo reale. Pensa a questo libro come al tuo ponte personale. Le mie radici sono profonde nella rigore accademico - ho trascorso una vita immerso nello studio e nell'applicazione pratica della psicologia, filosofia e comunicazione. Avendo avuto la possibilità di lavorare con diverse organizzazioni e i loro leader, ho visto di persona come l'impiego della disciplina positiva trasformi intere vite - inclusa la mia.

Basta parlare di me! Parliamo di cosa affronterai in questo libro. È strutturato in parti che si completano a vicenda, come strati di una torta molto motivante. Iniziamo ponendo le basi, approfondendo realmente la scienza di come funziona la disciplina in parti del cervello e perché le nostre emozioni sono profondamente legate al nostro autocontrollo. Questa base scientifica è necessaria per introdurre un approccio misurabile e sostenibile alla disciplina personale. Credimi, sapere *come* funziona la forza di volontà nel tuo cervello è stranamente potente.

Successivamente, esploriamo il terreno psicologico dietro la crescita personale. Vedi, il cambiamento è importante e superare il nostro pregiudizio innato verso lo status quo (Sì, significa uscire dalle nostre comode zone di comfort) richiede pensiero strategico. E questa parte è dove parliamo di formulare la tua visione per la crescita personale, supportata da concetti psicologici astuti.

Poi approfondiamo il concetto che mi affascina profondamente - la resistenza mentale. Qui mettiamo insieme come potenziare la tua concentrazione, rafforzare le capacità cognitive e migliorare il controllo degli impulsi.

Ma hey, costruire un grattacielo senza una solida base non finisce troppo bene, giusto? Quindi, la Parte 2 riguarda la preparazione al successo. Dal fissare obiettivi intenzionali, *intelligenti* a costruire abitudini che assicurano positività a lungo termine - analizziamo strategie che preparano il terreno per un successo sostenibile. Voglio dire, chi sapeva che esiste un metodo come "WOOP", eh? Suggerimento: sta per Desiderio, Risultato, Ostacolo e Piano. Andiamo oltre le idee astratte per darti routine concrete, che sia nella tua alimentazione, nel sonno o semplicemente nel gestire meglio il tempo.

E poiché ogni strada verso il successo è piena di sfide, imparerai a superare ostacoli comuni come la procrastinazione e affrontare il disagio. Credimi, questi sono ostacoli specifici che tutti conosciamo fin troppo bene!

Infine, nella Parte 3, metteremo in pratica le nostre conoscenze con approfondimenti sulla gestione del tempo e sull'implementazione della disciplina personale in modo fluido nelle attività quotidiane. Ottenere risultati duraturi non significa lavorare duro tutti i giorni - è un equilibrio tra motivazione costante e riposo efficiente.

Ecco il tuo invito all'azione: immergiti in questi capitoli, assapora ogni tecnica e applica ciò che risuona con te. Usa questo libro come tua guida personale per costruire la vita che desideri. Tutto ciò di cui hai bisogno è un pizzico di **disciplina personale positiva** - una competenza che sei totalmente in grado di coltivare.

Sei pronto a iniziare la trasformazione? Passa al capitolo successivo e iniziamo questo viaggio verso un te più ricco di forza di volontà e disciplina!

Parte 1: Gettare le basi

Capitolo 1: La Scienza della Disciplina Positiva

"L'essenza della vera disciplina è motivata dall'amore, non dalla paura."

Pensiamo alla disciplina per un attimo—perché ne abbiamo bisogno? Questo capitolo si addentra nel *fantastico* mondo della **disciplina positiva** e ci aiuta a capire perché è davvero importante. Ora, immagina questo: stai cercando di finire i compiti, ma le distrazioni sono ovunque. È così frustrante, vero? Ecco dove entra in gioco la disciplina positiva, combinando gentilezza e regole chiare.

Scoprirai cosa significa avere *autocontrollo* e perché non è solo la forza di volontà a farti superare compiti difficili. I nostri cervelli hanno un modello biologico per la *forza di volontà*—un po' come un'arma segreta! Ti sei mai chiesto perché le tue emozioni sembrano spesso sabotare le tue migliori intenzioni? Approfondiremo anche questo argomento, parlando di come i nostri sentimenti giocano un ruolo *enorme* nel determinare se riusciamo o falliamo.

Ancora più importante, la disciplina positiva non riguarda solo il miglioramento a scuola o sul lavoro; ha anche dei fantastici vantaggi per la tua *salute mentale*! Immagina di sentirti più rilassato e meno stressato perché hai sviluppato buone abitudini.

Quindi... mettiamoci al lavoro! Perché capire la disciplina positiva può davvero cambiare le carte in tavola per te. Non perdere questa opportunità. Addentriamoci in questo capitolo per trovare risposte a quelle domande che ti assillano e, chissà, magari scoprire un nuovo te lungo il cammino. Pronto? Partiamo!

Comprendere la disciplina positiva

Quindi, parliamo di cosa significhi effettivamente la **disciplina positiva**. La disciplina positiva si concentra sull'insegnamento e sull'orientamento anziché sulla punizione. Pensateci come il modo "gentile" per guidare qualcuno – un bambino o persino te stesso – verso scelte migliori. Il suo obiettivo è promuovere il rispetto, un senso di responsabilità e la capacità di pensare in modo indipendente.

La disciplina punitiva, d'altra parte, riguarda la penalità e la punizione. Questo approccio potrebbe "funzionare" nel breve termine nel contenere cattivi comportamenti attraverso la paura, ma spesso genera risentimento, sfida e persino più cattivi comportamenti nel tempo. È come schiacciare una mosca con un martello – certo, potresti colpire la mosca, ma probabilmente farai più male che bene.

La disciplina positiva si avvale del rinforzo attraverso l'incoraggiamento e il supporto. Tutti vogliamo un colpo sulla spalla, vero? Tutti prosperano con il riconoscimento, con l'ascoltare, "Hai fatto un ottimo lavoro!" o "Sono fiero di te!" L'incoraggiamento costruisce una persona – getta le basi per l'autoefficacia, la convinzione che puoi affrontare le sfide della vita. Ad esempio, elogiare lo sforzo di un bambino nel riordinare la sua stanza, anche se non è perfetta, probabilmente lo farà sentire bene e lo spingerà a continuare il buon lavoro. Confronta questo con non dire mai nulla o punire per piccoli disordini – cosa c'è di ispirante in questo?

L'idea è semplice: l'incoraggiamento favorisce un cambiamento comportamentale a lungo termine. Quando sei supportato e ti senti capace, sei più propenso a continuare a migliorare. "La disciplina positiva si tratta di orientamento piuttosto che punizione, concentrandosi sull'insegnamento e sull'orientamento di qualcuno verso la giusta strada in modo di supporto." Quando ci sentiamo visti e supportati, siamo più inclini a cercare di fare meglio, gestire i contrattempi con più grazia e mantenere quei buoni comportamenti nel lungo periodo.

Esiste questo concetto nelle scienze comportamentali noto come "effetto di rinforzo". Fondamentalmente, il rinforzo positivo (come elogiare un buon comportamento) rende quel comportamento più probabile che si ripeta. In un ambiente di supporto, le persone sono molto più aperte a fare cambiamenti positivi duraturi. Immagina quanto possa essere impattante non solo per i bambini, ma per tutti coloro che cercano di adottare nuove abitudini, come mantenersi in forma o studiare regolarmente.

Per metterlo in pratica, ecco alcuni consigli:

- Offri elogi e ricompense per i traguardi raggiunti, non importa quanto piccoli possano sembrare. A tutti piacciono le stelle d'oro – non solo ai bambini.
- Suddividi i compiti in passaggi gestibili. Comprendere cosa deve essere fatto rende il compito meno intimidatorio e più realizzabile.
- Pratica un dialogo interno positivo. Dì cose come, "Sono sulla strada giusta," o "Ogni sforzo conta."
- Usa gli errori come opportunità di apprendimento anziché momenti per infliggere punizioni o critiche.

Concentrandosi su queste piccole azioni di supporto, la disciplina positiva favorisce una mentalità di crescita. Quando questo approccio viene applicato in modo coerente, le persone – che siano bambini piccoli o adulti cresciuti – saranno più motivati, resilienti e autonomi. Inoltre, chi non apprezza un feedback costruttivo rispetto a una critica severa?

In definitiva, l'essenza della disciplina positiva risiede nell'incoraggiamento di un'ottica progressiva, avanzando passo dopo passo. Riconosce che gli esseri umani sono motivati intrinsecamente dalla gentilezza e dal supporto, un leggero spintone nella giusta direzione. Le punizioni potrebbero sopprimere temporaneamente comportamenti indesiderabili, forse anche instillando paura, ma non favoriscono un cambiamento o una crescita duraturi. La disciplina positiva, d'altra parte, coltiva un ambiente in cui gli individui si sentono al sicuro e incoraggiati a imparare dai propri errori. È, senza dubbio, un modo più sostenibile e umano per favorire miglioramenti comportamentali costanti, aprendo la strada a uno sviluppo personale sincero e duraturo.

Quindi, quando parliamo di cambiare positivamente il comportamento, si tratta di rinforzare il buono e allontanarsi dalle azioni che potrebbero abbattere qualcuno – perché il percorso per diventare le nostre migliori versioni fiorisce sempre meglio in un ambiente ricco di supporto, cura e positività.

La Base Biologica del Controllo di Sé.

Va bene, parliamo di cosa succede nei nostri cervelli quando cerchiamo di controllare i nostri impulsi. Per iniziare, dobbiamo partire dal **corteccia prefrontale**. Questa parte del cervello, proprio dietro la tua fronte, è come il manager di un ufficio trafficato. Supervisiona la **pianificazione delle decisioni**, **pianificazione**, e fondamentalmente, tutte le cose di cui abbiamo bisogno per mantenere organizzate le nostre vite. Quando stai cercando di resistere al desiderio di quel biscotto in più o di portare a termine un compito difficile, è la tua corteccia prefrontale che sta lavorando duramente.

Ora, a guidare le azioni della corteccia prefrontale ci sono i **neurotrasmettitori**—questi messaggeri chimici sono come piccoli postini che recapitano informazioni importanti in tutto il cervello. **Dopamina**, per esempio, svolge un ruolo cruciale. È spesso etichettata come il "chimico del premio" perché aiuta a regolare il piacere e il rinforzo. Quando resisti con successo alla tentazione, il tuo cervello rilascia un po' di dopamina come segnale di "ottimo lavoro". **Serotonina** è un altro attore chiave, che mantiene il nostro umore e comportamento sotto controllo, in modo che non solo ci sentiamo bene ma rimaniamo anche calmi e razionali. È come avere un buon amico che ti aiuta a mantenere la calma.

Da una **prospettiva evolutiva**, la nostra auto-disciplina o auto-controllo è iniziata molto tempo fa quando i nostri antenati dovevano gestire risorse e pianificare caccie. La capacità di guardare avanti e prepararsi per il futuro era cruciale per la sopravvivenza. Dovevano controllare gli impulsi per garantire di avere abbastanza cibo durante i tempi difficili e per proteggersi dalle minacce naturali. È come se i nostri antichi istinti ci abbiano lasciato con questa incredibile capacità di riflettere, pianificare in anticipo e mantenere la pazienza—qualità che sono state affinate nel corso di migliaia di anni.

È curioso come questo si inserisca nella vita di tutti i giorni. Hai mai trovato la tua mente che vaga durante un compito noioso? Questo perché la corteccia prefrontale si stanca, come i muscoli dopo un allenamento. Ecco perché dopo una giornata piena di decisioni, potresti sentirti totalmente esausto. Interessantemente, questa fatica mentale influisce in modo simile sull'autodisciplina. Quando la corteccia prefrontale è sovraccaricata, è più difficile resistere alle tentazioni o rimanere concentrati, ecco perché riposare e avere una buona nutrizione in realtà aiuta la tua forza di volontà.

Non c'è dubbio che questi elementi biologici plasmino come esercitiamo l'autodisciplina. La corteccia prefrontale guida il processo, supportata dai neurotrasmettitori come la dopamina e la serotonina, mentre il lato evolutivo spiega perché abbiamo anche queste abilità. Questo aspetto essenziale delle funzioni cerebrali si è evoluto per assicurarsi che non stiamo solo reagendo per impulso ma stiamo anche considerando le implicazioni future delle nostre azioni—un'evidenza che ci colpisce da quando eravamo nelle grotte fino al mondo moderno di oggi.

"Più comprendiamo le complessità del cervello, più siamo in grado di gestire il nostro comportamento in modi che costruiscono un sé cosciente più sano."

Pensaci in questo modo: non siamo solo vittime dei nostri umori o capricci; la scienza funziona molto come un team, che ci supporta. Quindi, affrontiamo l'autodisciplina con la nostra corteccia prefrontale che funziona a pieno regime e quei neurotrasmettitori che fanno la loro parte, sapendo di avere un profondo vantaggio evolutivo che gioca a nostro favore.

Come funziona la forza di volontà nel cervello

La **scienza del cervello** ha un modo davvero interessante di mostrarci come funziona realmente la **forza di volontà**. Non è solo una forza magica. La **presa di decisioni** coinvolge diverse parti del tuo cervello. Immagina quella responsabile: il **corteccia prefrontale**. È il dirigente del tuo cervello! Questa parte ti aiuta a vedere le opzioni, valutare gli esiti e prendere decisioni. Ma non lo fa da sola. Riceve aiuto da altre aree del cervello, incluso il **sistema limbico**, che gestisce i tuoi desideri e risposte emotive.

Durante la **presa di decisioni**, questi sistemi scatenano una sorta di battaglia. Immagina un lato che desidera quel ciambellone, l'altro che spinge per uno spuntino più salutare. Consumare questa potente corteccia prefrontale avviene quando hai bisogno di forza di volontà ripetutamente in breve tempo. Più decisioni prendi, più ti senti esausto. È noto come "affaticamento decisionale" ed è supportato da una scienza interessante.

Ecco dove entra in gioco il **glucosio**. Basso di glucosio e la nostra autodisciplina cala. Questo zucchero alimenta l'attività cerebrale. Molta forza di volontà in breve tempo? Si esaurisce il glucosio più rapidamente. Immagina di lavorare tutto il giorno e resistere all'impulso di mangiare per stress. Ti suona familiare? Man mano che le riserve di glucosio si riducono, la tua capacità di resistere alle tentazioni si indebolisce. È quasi come se il tuo cervello avesse bisogno di carburante regolare per dirigere la nave.

Per mantenere costanti quei livelli di glucosio, pasti piccoli e coerenti che nutrono sembrano essere un piano intelligente, giusto? In questo modo, il tuo cervello riceve l'approvvigionamento di cui ha bisogno per restare proattivo nel resistere alle tentazioni.

Poi c'è la parte veramente incoraggiante: rafforzare la forza di volontà attraverso la pratica. Risulta che la forza di volontà è come costruire muscoli. **Con un uso costante, può diventare più forte nel tempo**. Gli studiosi sottolineano che gli esercizi di forza di volontà, simili a quelli fisici, aumentano la sua resistenza complessiva. Potrebbe sembrare semplice, ma apportare piccoli cambiamenti, come resistere a un'altra pallina di gelato o scegliere di leggere prima di dormire invece di vedere una serie, potrebbe aiutare a rafforzare la forza di volontà nel tempo.

Un trucco che potresti trovare interessante? Stabilire routine quotidiane. Creare abitudini minimizza la necessità di decisioni, preservando quell'energia preziosa. O mantenere ordinato il tuo spazio di lavoro potrebbe aiutare ad evitare piccole distrazioni, così risparmi quella potenza mentale per compiti più difficili.

Pensa alla forza di volontà come a una forza mentale che può essere rafforzata con l'allenamento. Questo rende il raggiungimento dei tuoi obiettivi più gestibile, non una lotta! Abbraccia le esigenze della vita con una mentalità più resiliente.

Il vero segreto? Risiede nell'**intendere** e **apprezzare** questo gioco di resistenza mentale. Questo approccio crea una macchina di forza di volontà più forte e affidabile.

Così la prossima volta, di fronte a decisioni, perché non spingerti delicatamente verso quei piccoli buoni abitudini? Anche loro, i passi apparentemente minimi, rafforzano il tuo motore interno della forza di volontà. Che si tratti di fare brevi esplosioni di esercizio fisico in modo regolare o mettere in ordine la tua scrivania, queste azioni rinforzano la tua resistenza mentale. Stabilire un impegno per sostenere gli aggiornamenti può plasmare una routine per affinare la tua forza di volontà senza sentire un grande sforzo.

Utilizzando queste tecniche saggiamente ti permette di controllare il timone dell'autodisciplina, alimentare questo potere mentale con il glucosio sfuggente e guardare con gioia mentre il tuo muscolo decisionale inizia a inclinarsi verso i tuoi obiettivi. Resistendo di più, ma combattendo meno - è la scienza che potenzia le nostre ambizioni, riducendo l'affaticamento mentale.

Usiamo "neuroscienze" per ideare un mix equilibrato di potente energia cerebrale!

Questo si allinea perfettamente con i cervelli qui. Non stressarti per tutte le decisioni; metti le abitudini al lavoro.

Il Ruolo delle Emozioni nella Autodisciplina

Le emozioni giocano un ruolo importante nella autodisciplina. Pensa a quei momenti in cui sei stato sopraffatto dai sentimenti. Forse eri veramente stanco o super eccitato, e i tuoi piani sono un po' sfumati. Questo perché le emozioni hanno questo modo di insinuarsi e influenzare le nostre decisioni. Quando sei felice, triste o stressato, è facile che il controllo di sé vada in secondo piano.

Uno dei più grandi impatti delle emozioni sulla disciplina è la **regolazione emotiva**. Questo significa quanto bene riesci a gestire e controllare i tuoi sentimenti. Quando le emozioni sono confuse, la autodisciplina può sembrare quasi impossibile. Mantenere la calma, anche quando le cose vanno storte, aiuta a rimanere fedeli alle decisioni ed evitare reazioni impulsiva. Ma come si fa quando le emozioni sono così forti?

I trigger emotivi sono un'altra sfida. I trigger sono quelle piccole cose che scatenano grandi reazioni. Ad esempio, sentirti annoiato potrebbe portarti a guardare compulsivamente programmi invece di lavorare, o lo stress potrebbe spingerti verso cibo confortante. I trigger comuni includono:

- **Stress:** Ti fa desiderare soluzioni rapide, come cibo spazzatura o saltare gli allenamenti.
- **Fatica:** La stanchezza abbassa le tue difese, rendendo più facile cedere alla tentazione.
- **Eccitazione:** Essere super felici può farti sentire invincibile... e forse un po' rischioso con le decisioni.

Quindi, qual è il trucco per gestire queste emozioni per una migliore disciplina? Ci sono delle ottime tecniche che possono davvero aiutare. La **consapevolezza** è un buon punto di partenza. Essere consapevoli delle tue emozioni mentre arrivano e vanno impedisce loro di prendere il sopravvento. Puoi chiederti, "Ho veramente fame o sono solo stressato?" Questa breve pausa dà abbastanza spazio per scegliere saggiamente.

Un'altra strategia utile sono gli **esercizi di respirazione**. Semplici tecniche di respirazione profonda calmano il corpo e la mente, aiutando a riportare quei sentimenti intensi alla normalità. Provalo la prossima volta che provi una forte emozione - inspira per quattro tempi, mantieni per quattro, ed espira per quattro.

È anche utile mantenere un **diario emotivo**. Scrivere le tue emozioni e cosa le ha scatenate può fornire sorprendenti intuizioni.

Riconoscere i modelli aiuta ad anticipare e pianificare per quei trigger in futuro.

Ma le emozioni non sono solo cattive notizie. Utilizzare emozioni positive può *sostener* notevolmente la tua autodisciplina. Sentirsi orgogliosi di piccole conquiste può alimentare la motivazione, rendendo più facile seguire il tuo piano. Il rinforzo positivo aiuta a creare abitudini durature.

Viene in mente una storia su un amico, chiamiamolo Giovanni. Giovanni lottava con la disciplina, specialmente quando era stressato dal lavoro. Ammise che spesso mangiava per stressarsi. Dopo aver iniziato a riconoscere i suoi modelli di stress - usando un diario e praticando la consapevolezza - le cose cambiarono. Sapendo i suoi trigger, poteva preparare snack sani e talvolta semplicemente fare una passeggiata veloce per chiarirsi le idee. Piccoli passi, ma hanno fatto una grande differenza.

"Quando le emozioni sequestrano la mente, la autodisciplina è la prima vittima."

In un mondo che spesso sembra caotico, gestire il nostro mondo interiore può essere semplice ma potente. Si tratta di essere consapevoli delle emozioni, anticiparle e avere un piano. Come si suol dire, le emozioni sono come onde; non possiamo fermarle ma possiamo scegliere su quali surfare.

Benefici della Disciplina Positiva sulla Salute Mentale

Va bene, andiamo dritto al punto. Praticare la disciplina positiva porta così tanti vantaggi al tuo **benessere mentale** che ti chiederai perché non hai iniziato prima. L'**ansia** e lo **stress** ridotti sono come gli effetti immediati e evidenti. Quando imposti obiettivi chiari e raggiungibili e regole per te stesso, scopri che le incertezze della vita iniziano a diventare gestibili.

Diciamo che hai un grosso termine ultimo che incombe su di te, può essere una grande causa di ansia, giusto? Quando lo suddividi (e segui quel piano in modo disciplinato), sembra meno opprimente. È come liberarsi di un grosso peso sulle spalle. Ottieni quella sensazione di "ce la posso fare", anche quando le cose sono difficili.

Un'altra cosa fantastica della disciplina positiva è che ti insegna la **resilienza** e le **abilità di coping**. La vita è piena di sfide e imprevisti, e tutto ciò può diventare piuttosto stressante. La parte interessante è che quando sviluppi l'autodisciplina, ti stai preparando essenzialmente a gestire meglio queste situazioni. Quando segui regolarmente routine disciplinate, come fare esercizio fisico o coltivare un hobby, stai allenando la tua mente a rimanere forte, anche durante i momenti difficili. Questo sviluppa la resistenza mentale nel tempo, trasformando ogni piccola sfida in un gradino anziché in un ostacolo.

A proposito, hai mai notato come alcune persone sembrano molto più felici e soddisfatte delle loro vite? Molte di esse probabilmente praticano la disciplina positiva. Avere un approccio strutturato verso i tuoi obiettivi può renderti più contento. Pensaci in questo modo: sapere dove stai andando e cosa devi fare per arrivarci ti rende più sicuro, il che contribuisce direttamente al benessere generale. Non stai vagando senza meta; hai uno scopo, una direzione.

E non si tratta solo di obiettivi grandi e che cambiano la vita. Abitudini quotidiane come la **consapevolezza**, l'esercizio fisico regolare e schemi di sonno costanti contribuiscono in modo significativo. Immagina di svegliarti ogni giorno sapendo che stai lavorando costantemente per migliorarti. I tuoi sforzi possono sembrare piccoli giorno per giorno, ma si accumulano nel tempo, migliorando significativamente la qualità della vita e la soddisfazione.

Piccoli passi, fatti con disciplina, portano a grandi cambiamenti.

Quando inizi a vedere progressi grazie ai tuoi sforzi disciplinati, aumenta la tua fiducia. Inizi a sentirti realizzato, e questo senso di realizzazione permea altre aree della tua vita. Diventi più ottimista, pronto a affrontare nuovi obiettivi perché hai visto i risultati positivi del comportamento disciplinato.

Quindi analizziamo un po' meglio tutto questo con alcuni punti chiave:

- **Ansia e stress ridotti:** Gli obiettivi strutturati tengono sotto controllo le incertezze della vita.
- **Maggiore resilienza e capacità di coping:** Le discipline quotidiane costruiscono la forza mentale, rendendo le sfide più gestibili.
- **Miglioramento del benessere generale e della soddisfazione nella vita:** Sforzi realizzabili e costanti danno un senso di scopo e direzione.

Ecco fatto, solo praticare la disciplina positiva può davvero cambiare le cose per te. Improvvisamente la vita non si tratta di scansare uno stress dopo l'altro; invece, diventa una serie di compiti gestibili che ti portano verso una vita più felice e appagante. Non sei più impotente nel caos della vita, grazie alla chiarezza e alla struttura che l'autodisciplina fornisce. Questo non solo affronta la tua attuale salute mentale, ma prepara anche una solida base per il tuo futuro benessere.

Capitolo 2: La Psicologia Dietro al Cambiamento

"Il cambiamento è il risultato finale di tutto il vero apprendimento."

Il cambiamento è difficile, vero? Tutti abbiamo sentito la resistenza ostinata a restare con ciò che conosciamo, anche quando sappiamo che ci sono opzioni migliori là fuori. Questo capitolo scava nelle nostre tendenze con l'aiuto della psicologia - promette di essere affascinante.

Scopriremo perché rimanere nella nostra zona di comfort ci sembra sicuro affrontando il nostro Bias dello Status Quo. Ma il comfort spesso ha un prezzo, risvegliando le nostre paure e tendenze all'Aversità alle Perdite. (Tutti ci siamo passati - non sei solo.)

Eppure, questa non è una storia di guai. È una mappa con soluzioni. Immagina di conquistare le tue paure, abbattere le tue titubanze. Sembra figo, vero? E che ne dici di **costruire resilienza attraverso il Pensiero Positivo**? Sì, è possibile ed è effettivamente piuttosto sbalorditivo.

E aspetta - non ci fermiamo qui. Cambiare il tuo modo di pensare può sembrare magico, sbloccando nuovi percorsi. Il fatto è che un cambiamento nel modo in cui vediamo il mondo può alterare tutto.

Infine, lavoreremo alla **creazione di una Visione per la Crescita Personale**. Perché quando ti immagini una versione migliore di te stesso, il cambiamento non sembra solo obbligatorio - sembra eccitante. Pronto per questo viaggio illuminante? Questo capitolo tiene le chiavi... Un te migliorato ti aspetta!

Superare il Bias dello Status Quo

Rimanere bloccati in abitudini familiari sembra sicuro e confortevole. Ti svegli, segui la solita routine, e diventa un ciclo troppo stretto da rompere. Questo è ciò che chiamiamo il **"comfort della familiarità."** C'è un certo calore nel sapere cosa aspettarsi ogni giorno, e chi non ama una vita senza sorprese?

Nel comprendere perché ci aggrappiamo a questo comfort, è cruciale individuare come i comportamenti automatici prendono il sopravvento. Queste sono azioni che compiamo senza pensiero conscio. Per esempio, prendere quel caffè mattutino mentre vai al lavoro o buttarti direttamente sul divano dopo la scuola per guardare una serie. Questi comportamenti non sono cattivi di per sé, ma quando ci impediscono di fare scelte migliori... devono essere sfidati.

Identificare questi comportamenti automatici è come notare la modalità automatica nella tua vita quotidiana. Ti sei mai trovato a sgranocchiare snack mentre guardi la TV senza rendertene conto? Questo è la modalità automatica. O hai realizzato che il telefono è in mano senza ricordare di averlo preso? Ancora modalità automatica. Riconoscere questi momenti è il primo *nudge* verso il cambiamento.

Poi, parla di **sfidare questi comportamenti automatici**. Questo non significa capovolgere la tua vita da un momento all'altro. Si tratta di fare la semplice domanda, "Perché sto facendo questo?" ogni volta che segui un'abitudine vecchia. Stai prendendo quel biscotto in più per fame o solo perché è 4 del pomeriggio? Sono interruzioni minime come queste che ti tengono più attento.

Per **cambiare lo status quo**, inizia con piccoli passi gestibili. I grandi balzi sembrano eccitanti ma tendono a svanire a meno che tu non sia pronto per loro. Prova invece questi:

- Sostituisci uno spuntino sano al giorno.

- Fai una breve passeggiata invece di sederti subito sul divano.
- Dedica 5 minuti a una nuova abilità o hobby.

Ciascuna di queste azioni elencate a pallini inietta una piccola dose di novità nella tua giornata, aprendo la strada a cambiamenti più significativi in seguito. Immagina scambi semplici, piccoli, piuttosto che spostamenti monumentali.

"Sono le piccole abitudini, come trascorri le tue mattine, come parli a te stesso, cosa leggi, cosa guardi... che plasmano le tue giornate. E le tue giornate... plasmano la tua vita."

Fare quei primi passi getta le basi per affrontare abitudini più sostanziali in seguito. Una modifica positiva alimenta un'altra, creando gradualmente un'impulso difficile da resistere.

Ma ogni strada ha i suoi ostacoli. **Tornare alle vecchie abitudini** succede, ed è normale. La chiave sta nel riconoscerlo e ricominciare. Se hai saltato la passeggiata oggi, scuotila via e usa quei passi per muoverti almeno una volta domani. La flessibilità ti assicura di continuare su questo percorso in evoluzione anziché tentativi rigidamente perfetti.

Concentrandoti su piccole azioni, vedrai cambiamenti senza sentirsi sopraffatto. Certo, lo status quo sembra stabile, inamovibile, e impone una sensazione di sicurezza. Liberarsi potrebbe sembrare spaventoso, ma il cambiamento incrementale sembra del tutto fattibile.

Infine, continua a spingere quei comportamenti automatici, sostituendoli con azioni che portano verso obiettivi... non noterai nemmeno le vecchie abitudini che svaniscono. Prima che tu te ne accorga, le nuove routine generano la stessa confortevole familiarità. È l'inizio di un ciclo, un ciclo ascendente che si allinea a ciò che desideri nella vita. Ricordati, fare piccoli, costanti passi avanti - è lì che la magia inizia!

Conquistare la Paura e l'Aversione alla Perdita

Riconoscere le barriere emotive al cambiamento è fondamentale. **Paura** e **avversione alla perdita** spesso ti sorprendono e ti impediscono di andare avanti. È quella voce interiore che sussurra: "E se questo non funzionasse?" Identificare queste emozioni ti aiuta a prendere il controllo invece di lasciarle controllare te. Tutti abbiamo questi pensieri e ammetterli è il primo passo per superarli.

Un modo per affrontare la paura è ridimensionarla. Invece di considerare la paura come qualcosa che ti paralizzerà, pensa ad essa come un segno che stai per crescere. La paura può essere un indicatore che ciò che stai per fare è importante. Ogni volta che ti trovi di fronte a una situazione spaventosa, chiediti: "Di cosa ho paura di perdere?" Questo cambia la tua prospettiva da negativa a curiosa.

È illuminante considerare l'esposizione graduale come tecnica. Affrontare la possibilità di perdita in piccoli modi gestibili può fare una grande differenza. Diciamo che hai paura di parlare in pubblico a causa del timore di fare una figura imbarazzante. Inizia parlando di fronte a uno specchio o a un piccolo gruppo. Gradualmente, man mano che ti senti più a tuo agio, aumenta le dimensioni dell'audience. Questo ti aiuta a desensibilizzarti, permettendo all'ansia di diminuire nel tempo.

Costruire una resilienza mentale comporta la pratica costante di queste strategie. Potresti trovare utile tenere un diario. Annota le tue paure e riesaminale regolarmente. Sono ancora spaventose come lo erano inizialmente? Forse no. Parlare con gli altri può fare anche miracoli. Potrebbero offrire prospettive che non avevi considerato prima.

Emergono diversi concetti importanti quando si lavora per superare la paura e l'avversione alla perdita. Uno è il riconoscimento che hai il potere di cambiare la tua mentalità. Pensate a quel momento in cui hai contrastato il tuo solito comportamento guidato dalla paura. Non ti sei sentito liberato? Possiedi quella sensazione e usala come carburante per la tua prossima impresa.

"L'unica cosa di cui dobbiamo avere paura è la paura stessa."

Allontanarsi dall'idea che si debba evitare il disagio è cruciale. Il disagio spesso precede la crescita. Sperimenti disagio quando provi qualcosa di nuovo, ma alla fine svanisce man mano che diventi più abile. Questa è l'essenza dell'uscire dalla tua zona di comfort.

Considerando modi pratici per iniziare in piccolo, utilizza punti elenco:

- Prova a introdurre cambiamenti minori nelle routine.
- Pratica a parlare un po' di più durante le riunioni.
- Dedica solo 5 minuti al giorno a spingerti contro un piccolo limite.

Queste piccole vittorie si accumulano e creano un cuscinetto di fiducia per sfide più grandi. La tua mente inizia a imparare che la paura non è un nemico, ma solo un messaggio che stai per intraprendere qualcosa di significativo.

Fai uso anche della visualizzazione. Immagina non solo lo scenario peggiore, ma anche quello migliore. Bilancialo. Chiediti: "Qual è la cosa migliore che potrebbe accadere?" Questa sola domanda può cambiare completamente la tua prospettiva, offrendoti una visione più completa.

Infine, non esitare a premiarti dopo aver raggiunto anche i traguardi più piccoli. Questo favorisce un ciclo di rinforzo positivo, incoraggiando più coraggio nelle future imprese. Con questi passaggi, ti stai addestrando gradualmente a reagire in modo diverso alla paura e alla perdita, trasformando le barriere emotive in gradini per il successo.

Costruire la Resilienza Attraverso il Pensiero Positivo

Avere un'ottica ottimistica cambia tutto. Sai quei giorni in cui tutto va per il verso giusto? Spesso è la mentalità che entra in gioco. L'ottimismo può prevenire lo stress e aiutarti a riprenderti dagli ostacoli. È quasi come avere un trucco per la vita. Inoltre, i benefici per la salute? Ridotto rischio di malattie croniche e una vita più lunga: sono motivi convincenti.

Pensare positivamente può costruire una forza mentale come nient'altro. Potrebbe sembrare semplice, ma non è sempre facile. Contare le benedizioni, vedere le sfide come opportunità (anche i fastidi quotidiani) può cambiare la tua mentalità. Tieni un "diario della gratitudine". Annota tre cose buone ogni giorno. È piccolo, ma questa pratica può modificare la tua attitudine nel tempo, rendendo più facile affrontare le cose difficili.

Ora, ecco un trucco interessante: affermazioni quotidiane. Sembra un po' banale, vero? Ma funzionano. Le affermazioni possono veramente cambiare i tuoi schemi di pensiero. Dì cose come "Sono capace", "Affronto il cambiamento con grazia", "I miei fallimenti mi rendono più forte", o anche "Ce la posso fare". Nel tempo, queste dichiarazioni vengono memorizzate come verità nel tuo cervello.

Anche le strategie cognitive giocano un ruolo significativo. Ad esempio, sfidare i pensieri negativi può fermare la spirale discendente. Quando ti viene un pensiero negativo (e arriva sempre), contrastalo con fatti. Se pensi, "Non riuscirò mai a avere successo in questo," chiediti, "Quali sono le prove di ciò?" Realisticamente, la maggior parte di noi ha ottenuto molto, ci dimentichiamo solo nel momento.

Perché non provare qualche altra strategia?

- **Visualizzazione**: Immaginati di avere successo. È come predisporre il tuo cervello al successo.
- **Consapevolezza**: Rimanere presente. Troppo spesso ci preoccupiamo del futuro o rimuginiamo sul passato. Essere nel momento può respingere i pensieri negativi.

La positività non riguarda ignorare i veri problemi o fingere che tutto sia perfetto. Si tratta di affrontare le difficoltà con una mentalità orientata a superarle piuttosto che evitarle. Pensa a una barca che naviga in condizioni difficili. Se ti concentri solo sulla tempesta, perdi la possibilità di dirigerti verso un clima migliore. Questa citazione riassume bene il concetto:

"Non si tratta di aspettare che passi la tempesta... Si tratta di imparare a ballare sotto la pioggia."

Parliamo di un'altra tecnica utile: l'autocompassione. Hai mai notato come siamo più gentili con gli amici che con noi stessi? Essere gentili con te stesso quando fallisci è potente. Invece di autocritica, offrirti comprensione. "Va bene fallire. Lo fa chiunque. Posso imparare e andare avanti."

Incorpora queste abitudini nel tuo giorno per giorno:

- **Auto-dialogo positivo**: Sostituisci l'autocritica con l'incoraggiamento.
- **Impostazione degli obiettivi**: Stabilisci obiettivi reali e raggiungibili. Forniscono direzione e un senso di realizzazione quando vengono completati.
- **Abitudini sane**: Buon sonno, dieta bilanciata, esercizio fisico... tutti alimentano una mentalità positiva.

Riconoscendo l'importanza del pensiero positivo e incorporando queste strategie, la resilienza diventa quasi un'abitudine. Certo, è un processo e non accadrà da un giorno all'altro, ma ogni piccolo passo ti avvicina. E quei giorni difficili? Sembreranno più piccoli ostacoli che montagne insormontabili.

Il Potere dei Cambiamenti di Mentalità

Parlando del progredire nella vita, è sorprendente quanto la nostra mentalità possa frenarci o spingerci avanti. Potresti aver sentito parlare di mentalità fissa e di crescita. Nei **atteggiamenti fissi**, le persone credono che le proprie abilità siano praticamente fisse, pensando di poter andare solo fino a un certo punto. Tendono a evitare le sfide perché hanno paura di fallire. Per loro, non si tratta di cercare di migliorare—pensano che si tratti solo di avere una certa quantità di abilità e basta.

Dall'altra parte, una **mentalità di crescita** è come credere nell'espansione delle proprie abilità e nell'apprendimento attraverso le sfide. Le persone con questo atteggiamento non evitano le cose difficili; invece, le vedono come un'opportunità per migliorare e imparare. Hai mai provato quella sensazione in cui hai affrontato qualcosa di difficile, e anche se sei inciampato, sei finito molto meglio? Questo è il pensiero di crescita.

Adottare quella prospettiva di crescita non è qualcosa che *accade* semplicemente. Devi lavorarci un po'. Una tecnica è iniziare a trattare i fallimenti come esperienze di apprendimento. Invece di pensare "Semplicemente non sono bravo in questo", prova a cambiarlo in "Cosa posso imparare da questo?" Pian piano, questo cambierà la tua reazione predefinita alle sfide. Inoltre, stabilire obiettivi più piccoli e gestibili può aiutare a ridefinire il tuo pensiero. "Piccoli passi" ti abituano a vincere e imparare spesso.

Un'altra idea super cool è circondarti di persone che hanno una mentalità positiva, un po' come avere un buon equipaggio quando sei in una missione personale per la grandezza. Vedendo come affrontano i problemi, superano le sfide e mantengono il morale alto, questo influisce su di te.

Ora, parliamo di qualcosa che non riceve abbastanza merito: **consapevolezza di sé**. Sapere dove ti trovi, le tue abitudini e come funziona la tua mente può essere come avere un codice di inganno. Con una migliore consapevolezza di sé, puoi cogliere te stesso quando stai prendendo una strada negativa e frenarti.

"La nostra paura più profonda non è di essere inadeguati. La nostra paura più profonda è di essere potenti oltre misura."

Pensaci un attimo. A volte, si tratta di riconoscere che hai molta forza dentro di te, ma devi attingere ad essa e *credere* di poter crescere.

Essere più consapevoli significa prestare attenzione al tuo dialogo interiore. Stai criticandoti da solo? Notalo, quindi cambia la conversazione nella tua testa. Non è solo "Ho fallito", ma anche "Come posso farlo meglio la prossima volta?"

Ecco alcuni consigli veloci da tenere a mente:

- **Pratica il dialogo interiore:** Mantienilo positivo e incoraggiante.
- **Celebra le piccole vittorie:** Non aspettare grandi successi.
- **Cerca Feedback:** Aiuta sapere come gli altri vedono il tuo progresso, anche.

Questi sforzi possono accumularsi e cambiare come percepite le sfide e gli errori.

La **consapevolezza di sé** è tua alleata qui. Presta attenzione a come parli con te stesso e rispondi alle situazioni difficili. Più conosci e ti adatti, più cresci al di là di quel pensiero fisso. Cambia la tua mentalità poco alla volta con uno sforzo cosciente e circondati delle influenze giuste. Trasformando i fallimenti in pietre miliari, sei già sulla strada verso quella mentalità di crescita.

Quindi, resta attento al tuo dialogo interiore e alle persone con cui ti frequenti. Con ogni passo che compi verso una mentalità di crescita, ti stai preparando per realizzazioni più grandi e migliori.

Creare una Visione per la Crescita Personale

La crescita inizia con il fissare obiettivi chiari e raggiungibili. Immagina obiettivi veri e convincenti che abbiano senso per te. Pensa a cosa vuoi realizzare, semplificalo per assicurarti che sembri fattibile... Senza obiettivi chiari, è facile vagare, sprecando energia in compiti che non portano da nessuna parte significativa. Quindi, qual è una cosa che veramente desideri raggiungere?

La visualizzazione è un cambio di gioco. Chiudi gli occhi, pensa a dove ti vedi in futuro. Com'è? Come ti senti in quel momento di successo? Potrebbe sembrare semplice ma immaginarti raggiungere il tuo obiettivo può rafforzare l'impegno. La visualizzazione crea un'immagine mentale del successo e lo rende reale, motivandoti a continuare a spingere avanti anche quando le cose si fanno difficili.

Per visualizzare efficacemente, crea una scena nella tua mente. Immagina i colori, i suoni e persino gli odori legati al tuo successo. Immaginati compiere passi lungo il percorso, ognuno dei quali ti avvicina all'obiettivo finale. Questo costruisce una mappa mentale, mantenendo il cammino avanti chiaro e definito.

Ora, parliamo dello sviluppo di un piano di crescita personale. Inizia fissando alcuni traguardi intermedi. Pensa a questi come a mini-obiettivi che collegano la strada al grande obiettivo. Avere piccoli checkpoint tangibili può rendere un obiettivo massiccio meno intimidatorio. Appuntali, che sia in un diario o in un foglio di calcolo (quello che funziona meglio per te). Vedere il progresso in bianco e nero può essere estremamente soddisfacente.

Includi questi punti nel tuo piano:

- **Azioni Quotidiane:** Considera quali abitudini o compiti quotidiani devi adottare o migliorare. La costanza è la chiave.
- **Cronologia:** Datti scadenze. Creano un senso di urgenza.
- **Risorse Necessarie:** Prepara un elenco di libri, tutorial o anche persone che potrebbero aiutare.
- **Sistema di Ricompense:** Concediti ricompense quando raggiungi traguardi. Celebrare piccole vittorie mantiene alto il morale.

Molte persone trascurano il potere della ricompensa, ma celebrare passi lungo il percorso mantiene l'entusiasmo. Alla fine, provare gioia nelle piccole vittorie rende l'intero processo meno spaventoso.

"Le persone spesso raggiungono facilmente ciò che sembra davvero difficile, una volta che decidono che deve essere fatto..."

Quindi, fare un impegno serio verso i tuoi obiettivi non riguarda solo decidere di puntare in alto; si tratta di conoscerti abbastanza bene da tracciare un piano che rifletta il tuo ritmo e stile. Potrebbe sembrare un lavoro in più, ma è questa base che supporta la tua crescita continua, una guida per avere successo senza sentirsi sopraffatti.

Le fluttuazioni nella motivazione sono normali. Non ogni giorno porterà l'energia alta necessaria per un progresso eccezionale, ma avere un piano ti dà una spinta per passare attraverso le giornate più difficili.

Fidati di me, raggiungere obiettivi a lungo termine deriva in gran parte dal nostro atteggiamento. Quindi, resta aperto a modificare le tue abitudini finché non si adattano bene.

Creare una visione per la crescita è un processo in corso, ma prepara il terreno per ogni grande successo. I sogni lanciano la visione; i piani e le azioni la rendono reale. Più chiara è la tua visione oggi, più robusto ed ottenibile appare il tuo successo domani.

Quindi, quale visione hai per la tua crescita?

Capitolo 3: Principi Fondamentali della Tenacia Mentale

"La tenacia mentale consiste nel riconoscere che le cose potrebbero non andare sempre come desideri, ma nel prendere il controllo della tua risposta per garantire che lo facciano."

Pronto a scoprire cosa mantiene gli atleti al top del loro gioco o come alcune persone prosperano sotto pressione mentre altre cedono? **Questo capitolo ti guiderà attraverso i principi fondamentali della tenacia mentale** in modo da poter potenziare il tuo stesso gioco mentale.

Inizieremo con la comprensione di cosa sia effettivamente la tenacia mentale—no, non si tratta solo di essere duri. **Poi, approfondiremo come rafforzare le funzioni esecutive** può aumentare la tua resistenza mentale. Metteremo in evidenza la magia di mantenere un focus laser e perché la concentrazione svolga un ruolo vitale.

Ti sei mai chiesto come alcune persone possano cambiare marcia senza sforzo quando i piani cambiano? **Sviluppare flessibilità cognitiva** può renderti adattabile in qualsiasi situazione. E non dimentichiamoci dell'importanza di **potenziare il controllo degli impulsi**, conferendoti il potere di prendere decisioni più sagge sotto stress.

Ti senti sopraffatto dalle distrazioni o perdi rapidamente la calma? Non sei solo! Queste sfide affliggono molti di noi quotidianamente. Ma abbi fiducia—**leggendo questo capitolo**, acquisirai insight pratici e strategie per potenziare la tua tenacia mentale. È tempo di prendere il controllo della tua mente e diventare l'individuo resiliente e concentrato che aspiri ad essere!

Pronto a trasformare la tua mentalità? Tuffati e scopri i segreti della forza mentale!

Cos'è la Resistenza Mentale?

Va bene, esploriamola: la **resistenza mentale** è un po' come avere un superpotere, ma per il tuo cervello. Non è magia; è rendere la tua mente il tuo alleato più forte di fronte agli ostacoli della vita. La capacità di riprendersi, specialmente quando le cose vanno storte, è ciò che spesso chiamiamo **resilienza**. Immaginalo—tutti affrontano un ostacolo sulla strada, ma come reagisci ti distingue. Invece di lasciare che l'ostacolo ti butti giù per sempre, la resistenza mentale ti permette di alzarti, spolverarti e andare avanti. Questa resilienza ti mantiene combattivo, ti tiene speranzoso e, cosa più importante, ti tiene in movimento.

Impegno è un'altra parte della resistenza mentale, ed è questione di attenersi ai tuoi obiettivi, anche quando sembrano a milioni di chilometri di distanza. Hai mai preso una risoluzione di Capodanno? È molto facile iniziare e molto più difficile continuare dopo due mesi. Ed è qui che entra in gioco l'impegno. È quella promessa di ferro che fai a te stesso di continuare indipendentemente da tutto. Non abbandoni i tuoi obiettivi solo perché compaiono distrazioni o ostacoli. Ti adatti, ti aggiusti e continui a puntare verso quella linea del traguardo. La magia qui è la persistenza—la forza che ti tiene sulla giusta strada quando arrendersi sembra così allettante.

Rimanere calmo sotto pressione, questo è il segno distintivo di una vera **composizione**. È quasi una forma d'arte rimanere calmi quando tutto intorno a te è caotico. Immagina di essere in un acceso dibattito o sotto scadenza—una persona media potrebbe scappare o crollare.

Qualcuno con resistenza mentale? Mantiene la calma. Questo va oltre il non impazzire. Si tratta di reazioni ponderate e controllate, prendere decisioni sagge quando il mondo cerca di farti entrare in modalità panico. È come avere un termostato interno che mantiene la tua temperatura perfetta, non importa quanto sia rovente l'ambiente.

Vedi, la resistenza mentale non riguarda solo superare le sfide; si tratta di modificare la tua mentalità per affrontare i problemi con un atteggiamento positivo. Quello che forma questa resistenza, dopotutto, è come ti alleni e curi il tuo stato mentale. Non si tratta solo di sopravvivere ai momenti difficili—si tratta di prosperare in essi. Acquisire abilità come resilienza, impegno e composizione non avviene da un giorno all'altro; ci vuole tempo e pratica. E sì, ci saranno ostacoli, ma:

"Non è importante quanto in basso cadi, ma quanto in alto rimbalzi."

Guardando le cose in questo modo, le sfide diventano meno spaventose perché modifichi la tua prospettiva per vederle come opportunità—per crescere o rafforzare le tue capacità. Questo cambiamento di pensiero è trasformativo, credimi. Ogni contrattempo è un gradino anziché un ostacolo.

La resistenza mentale interseca anche con le attività quotidiane, credici o no. Dal gestire piccoli stress quotidiani ad affrontare un evento che cambia la vita, coloro che padroneggiano la resilienza, l'impegno e la composizione sono meglio attrezzati per gestire tutto senza perdere la propria sanità mentale o direzione. Hanno questa grinta intuitiva, questa testardaggine innata per portare avanti fino alla fine.

Quindi, quando sei in contrasto con le palle curvate della vita—quando gli obiettivi sembrano lontani o quando la pressione è sufficiente a farti cedere—ricorda questi ingredienti chiave. È la tua resilienza interna, quell'impegno incrollabile e una testa fredda (anche quando tutti gli altri stanno perdendo la loro) che ti porteranno avanti, non solo intatto, ma migliorato per questo.

Potenziare le Funzioni Esecutive

Potenziare le funzioni esecutive implica affinare alcune abilità essenziali che molti di noi potrebbero trascurare. Le **abilità di gestione del tempo** stanno alla base. Conosci lo scenario... compiti che si accumulano senza fine in vista. E l'orologio sembra correre sempre più veloce ad ogni minuto. Una **gestione efficiente del tempo** non è magica, è pratica. Imposta blocchi di tempo specifici per diverse attività durante la tua giornata e attieniti ad essi. Hai mai sentito parlare della Tecnica Pomodoro? È una salvezza: 25 minuti di lavoro concentrato seguiti da una pausa di 5 minuti. Fidati, quelle piccole pause fanno miracoli nel mantenere la tua mente fresca.

Le **tecniche di fissazione degli obiettivi** vengono dopo. Un sogno senza un piano è solo un desiderio, giusto? La chiave è impostare obiettivi SMART: Specifici, Misurabili, Realizzabili, Rilevanti e Temporizzati. Inizia con passi chiari e piccoli per raggiungere il quadro generale. Passo dopo passo, troverai gli obiettivi principali meno intimidatori. Visualizzare i piccoli passi come "finire un capitolo del libro oggi" rende tutto sembrare fattibile.

I **processi decisionali** fanno parte di questo intero pacchetto. Spesso, quando ci troviamo di fronte a troppe scelte, ci sentiamo paralizzati. Invece di esitare, concentrati nel prendere decisioni più rapide e intenzionali. Prova questo trucco: elimina le scelte guidate dalle emozioni; attieniti ai fatti e valuta le tue opzioni. Semplifica i pro e i contro priorizzando ciò che soddisfa meglio i tuoi obiettivi e il tuo timeline. Potrebbe sembrare troppo semplice, ma ridurre le scelte può affinare rapidamente le tue capacità decisionali.

Creare una lista potrebbe aiutare a volte:

- Scrivi i tuoi compiti
- Classificali in ordine
- Inizia con il primo elemento
- Cancella quando hai finito

Hai notato la soddisfazione nel cancellare le cose? Quell'azione semplice influisce profondamente sulla tua motivazione e sulla tua determinazione mentale.

A volte aiuta ricordare che "Un obiettivo senza un piano è solo un desiderio". Questo dovrebbe restare. È riflessivo, radicato e ti ricorda di intraprendere un percorso d'azione verso i tuoi piani (evitando spazi di sogni ad occhi aperti).

E non esitare a delegare; gestire tutto da solo non riflette forti funzioni esecutive ma limita il progresso. Lascia andare un po' — fidati che il lavoro di squadra possa alleggerire il tuo carico.

Un punto che non puoi trascurare è l'**ambiente**. Creare un ambiente favorevole significa meno distrazioni. Metti quel telefono in modalità "Non disturbare" e metti in ordine il tuo spazio di lavoro. Che tu ci creda o no, il decluttering può fungere da manifestazione esterna di una mente chiara e concentrata.

Oltre a ciò, parliamo un po' di **feedback**. Il feedback non è solo critica; quando fatto correttamente, pianifica. Il feedback positivo rafforza le buone abitudini, aggiustando i punti deboli. Impara ad apprezzare entrambi i tipi. Questa apertura mentale migliora la tua determinazione mentale, un principio fondamentale nelle efficienti funzioni esecutive.

Ehi, aggiungiamo un pizzico di flessibilità. Sì, sono necessarie struttura e disciplina, ma essere flessibili è altrettanto cruciale. A volte, le cose non andranno come previsto, e va bene così. Modifica i tuoi piani ma non metterli da parte mai. Adatta il tuo timeline o metodologia se necessario.

Parlare con gli altri aiuta a valutare i tuoi progressi. Condividi i tuoi obiettivi, le tue vittorie e anche gli ostacoli lungo il percorso. Avere quella comunità può spingerti avanti — potresti ricevere consigli utili. Chiarezza e impegno seguiranno più naturalmente quando i tuoi obiettivi ti vengono ripetuti.

Il progresso non riguarda i grandi gesti; sono gli sforzi costanti e piccoli che si accumulano nel tempo. Costruisci le tue abilità di gestione del tempo, di fissazione degli obiettivi e di decisione un passo alla volta. Prima che te ne accorgi, troverai che questi principi fondamentali plasmano il tuo cammino in modo più agevole che mai.

L'importanza di Concentrazione e Focalizzazione

Quindi, parliamo di concentrazione e focalizzazione. È come sintonizzare una radio; devi metterti a punto per ottenere il miglior segnale. In questo mondo pieno di distrazioni, a volte può sembrare quasi impossibile. Prenditi un momento e rifletti davvero - quanto spesso ti distraggi quando ti siedi per fare qualcosa di importante?

Eliminare le distrazioni sembra essere la soluzione ovvia, giusto? Potresti pensare che si tratti di mettere il telefono in silenzioso o chiudere le schede dei social media. È essenziale, ovviamente, ma c'è di più. L'ambiente conta - un luogo di lavoro disordinato può essere altrettanto distruttivo di uno sfondo rumoroso. Ho notato che quando la mia scrivania è un caos, anche la mia mente lo è. A volte, organizzare il tuo ambiente può chiarire i tuoi pensieri.

Ora, passando alla **pratica della consapevolezza**... qui è dove abbassi il volume su tutto quel rumore nella tua testa. Prova a dedicare qualche minuto ogni giorno solo per respirare e concentrarti su nient'altro che il momento presente. "Una mente disattenta è come una radio sintonizzata tra stazioni." Hai mai sentito qualcosa del genere prima? La pratica della consapevolezza ti aiuta a riconoscere quando la tua mente inizia a vagare e la guida delicatamente indietro.

Ecco la cosa: la consapevolezza non consiste nel svuotare la tua mente - si tratta di diventare consapevoli dei tuoi pensieri. (Nota a margine - Se non l'hai provato, inizia piano. Magari cinque minuti al giorno. Fidati, ti prenderà.)

E poi c'è l'arte di **prioritizzare le attività in modo efficace**. Gestire troppe cose contemporaneamente diluisce la tua concentrazione. Imparare a prioritizzare significa capire cosa ha veramente bisogno della tua attenzione e affrontarlo prima. Fai una lista delle cose da fare. Ma ecco il trucco - non considerare tutto ciò che c'è in questa lista come ugualmente importante. Identifica le attività che faranno la differenza più grande e mettile in cima.

Consigli per una Prioritizzazione Efficace delle Attività:

- Scrivi tutto ciò che devi fare.
- Identifica le attività principali che avranno il maggior impatto.
- Concentrati su completarle prima di passare a compiti più piccoli.
- Suddividi i compiti più grandi in parti più piccole e gestibili.

È interessante come eliminare le distrazioni, praticare la consapevolezza e priorizzare le attività si legano tutte insieme. Non sono separate; sono pratiche interconnesse che, quando combinate, creano una struttura solida per affinare davvero la tua concentrazione.

Ricorda, si tratta di apportare piccoli, costanti cambiamenti che migliorano la tua capacità di concentrarti poco a poco. (Potrebbe sembrare un po' strano o impegnativo all'inizio, e va bene così.) Continua a farlo, e probabilmente vedrai differenze gradualmente.

E chissà, potresti sorprenderti per quanto di più riesci a fare con meno stress e frustrazione.

Sviluppare la flessibilità cognitiva

Sviluppare la flessibilità cognitiva significa abituarsi al cambiamento e essere in grado di guardare le cose da angolazioni diverse. Questo suona semplice, ma in realtà è piuttosto complesso, coinvolgendo adattabilità, accettazione di punti di vista diversi e un po' di pensiero creativo.

Il cambiamento è costante; adattarsi a nuove situazioni è una competenza fondamentale. Prendi ad esempio il trasferirsi in una nuova città... non si tratta solo di fare le valigie e trovare una nuova casa. Si tratta di adattarsi a un nuovo ambiente, fare nuove conoscenze (che potrebbero essere diverse dal tuo precedente cerchio sociale), e capire come funzionano le cose in questo nuovo posto. È davvero un'avventura, non è vero? Alcune persone trovano il cambiamento facile mentre altre no. Il trucco è rimanere flessibili - cambiare ruolo quando necessario. Come un camaleonte che si adatta ai suoi dintorni, si tratta di trovare ciò che funziona dove ti trovi.

Parlando di prospettive diverse, a volte ci troviamo bloccati nelle nostre abitudini, vero? Guardare i problemi da una singola prospettiva non è sempre utile. Esaminare opinioni diverse può essere molto arricchente. Ad esempio, lavorare con membri del team che portano esperienze diverse in tavola può ampliare il tuo orizzonte. Piuttosto che restare ancorati alle proprie idee, vedere il problema dal punto di vista di qualcun altro può portare a soluzioni migliori - soluzioni che altrimenti non avresti mai pensato.

"Non devi essere d'accordo con tutti, ma solo considerare le loro prospettive può cambiare il gioco."

Immagina di essere a una riunione e qualcuno propone un'idea folle. Invece di scartarla subito, potresti chiederti - e se funzionasse? È come aprire la finestra per far entrare aria fresca; quella idea potrebbe avere un potenziale non visto o aprire percorsi che non avevi considerato.

Un aspetto cruciale spesso trascurato è il modo in cui risolviamo i problemi. Restare fedeli a metodi collaudati è ottimo finché non lo è più. Ecco dove entra in gioco la creatività. Ti è mai capitato di trovarsi di fronte a una situazione in cui i metodi tradizionali semplicemente non bastavano? Pensare fuori dagli schemi non è sempre facile, ma può fare la differenza! Fare un brainstorming, permettere idee bizzarre, e poi vedere cosa risalta. È così che nascono le innovazioni. Prendi quelle sessioni di brainstorming; nulla è troppo sciocco all'inizio. Appunta tutto - probabilmente troverai una gemma tra il caos.

Ecco alcuni punti:

- Sperimenta con i "se": Fai domande diverse e talvolta stravaganti per spingere i limiti.
- Diversifica il tuo apprendimento: Esplora argomenti al di là della tua zona di comfort.
- Non temere gli errori: Vedi in essi opportunità di apprendimento piuttosto che fallimenti.

Imparare ad adattarsi, accettare punti di vista diversi dal proprio e risolvere i problemi in modo creativo non è qualcosa che si acquisisce in un colpo solo, ma con la pratica diventa naturale. Quindi, di fronte a una nuova situazione, non ritirarti. Guardala, inclina la testa, e permettiti di vederla da un'altra prospettiva. Potresti sorprenderti di ciò che riesci a trovare!

Potenziare il Controllo degli Impulsi

In mezzo al caos quotidiano, trovare modi per gestire i nostri impulsi può sembrare un superpotere. Ma è più semplice di quanto pensi. Parliamo di alcune tecniche e strategie.

Le **tecniche di gratificazione ritardata** sono incredibilmente preziose. Pensale come piccoli esercizi per la tua force of will. Tutti hanno sentito parlare dei test dei marshmallow sui bambini, giusto? Aspettare può essere davvero difficile (fidati di me, ero quel bambino che falliva, scegliendo il biscotto immediatamente), ma praticarlo frequentemente in piccoli modi realistici costruisce nel tempo un controllo degli impulsi più forte.

- Imposta obiettivi piccoli e gestibili per te stesso nelle attività quotidiane - aspetta un po' prima di prendere uno spuntino o controllare il telefono.
- Ricompensati per i successi di cui sei genuinamente orgoglioso dopo aver aspettato apposta. Questo inculca pazienza e determinazione.

Gestire lo stress in modo efficace è un'altra grande parte del puzzle - non è un segreto che lo stress possa rovinare la tua autodisciplina. Affrontare le **strategie di gestione dello stress** conta per il controllo degli impulsi.

- Praticare la consapevolezza o semplici esercizi di respirazione può alleviare lo stress immediato. È come premere un pulsante di reset nel tuo cervello.
- L'attività fisica regolare aiuta a rilasciare la tensione accumulata e migliora il tuo umore. Anche una breve passeggiata può fare miracoli.

- Chi non ama la musica? Spesso, ascoltare la tua canzone preferita può essere il calmante necessario in quel momento per impedirti di cedere agli impulsi.

Le **pratiche di regolazione emotiva** sono anch'esse una parte integrante. Il nostro stato emotivo può spesso dettare il nostro comportamento - registrare le emozioni e sapere quando premere il pulsante 'pausa' fa molta differenza.

Gli esseri umani, in generale, non sono bravi con la regolazione emotiva; tuttavia, puoi migliorarci. Ecco alcuni modi semplici:

- Tieni un diario - scrivere i tuoi sentimenti quotidianamente può aiutare a identificare schemi e trigger (per esempio, potresti notare che desideri terribilmente cibi spazzatura quando sei annoiato piuttosto che affamato).
- Pratica l'etichettatura delle tue emozioni. Se sei arrabbiato, ammettilo. Semplici affermazioni come "Mi sento frustrato in questo momento" possono davvero aiutare a stemperare l'intensità. Fa una differenza sorprendente...
- Condividi i tuoi sentimenti, anche casualmente. Potrebbe essere durante un caffè con un amico stretto o semplicemente parlando da solo. Verbalizzare aiuta a svelare i misteri delle emozioni e, non è bello una volta che quei sentimenti sono espressi?

Più spesso di quanto si pensi, si tratta davvero di pazienza. Non è sempre una linea retta, ma è affascinante se ci si attiene ad essa.

"Il modo migliore per acquisire l'autodisciplina non è con la forza, ma con comprensione e pazienza...piccoli passi ogni giorno portano a grandi cambiamenti nel tempo."

I successi - grandi o piccoli - iniziano con il dominio degli impulsi, degli stressori e delle emozioni. Pensaci come un esercizio mentale quotidiano; le azioni piccole oggi costruiscono il momentum per cambiamenti più significativi domani.

Bilanciare questi tre aspetti può sembrare come fare giocoleria, ma ci si abitua rapidamente. Tutto si riduce a questo: per fare un passo verso il controllo degli impulsi, inizia piccolo, mantieni la consapevolezza e continua senza essere troppo severo con te stesso.

Impegnarsi nelle **tecniche di controllo degli impulsi** rende certamente la vita più gestibile, più piacevole e molto più gratificante. È come allenare un muscolo - concentrati sugli aspetti significativi, continua a praticare e osserva la trasformazione svolgersi naturalmente!

Parte 2: Prepararsi per il Successo

Capitolo 4: Impostare Obiettivi con Intenzione

"Il successo è la somma di piccoli sforzi, ripetuti giorno dopo giorno."

L'impostazione degli obiettivi può spesso sembrare travolgente, ma questo capitolo ti mostrerà come semplificare quel processo con intenzione. **Impostare obiettivi intenzionalmente** non riguarda solo sognare in grande; si tratta anche di creare un percorso pratico e chiaro verso il raggiungimento di quei sogni. Molte volte, le persone si sentono bloccate, incerte su quali passi compiere successivamente.

Approfondiamo alcuni metodi potenti che puoi utilizzare per canalizzare la tua energia verso un impostare obiettivi precisi ed efficaci. Parleremo della creazione di **obiettivi SMART**, che sono Specifici, Misurabili, Attuabili, Rilevanti e Temporizzati. Sì, è possibile dissipare la nebbia su ciò che desideri raggiungere con pochi passaggi diretti. Visualizzare i tuoi obiettivi per avere chiarezza ed esplorare il metodo **WOOP** (Desiderio, Risultato, Ostacolo, Piano) sono altre tecniche che esploreremo per affinare il tuo focus.

Hai mai sentito parlare del **modello GROW**? È un altro modo fantastico per guidarti attraverso i tuoi obiettivi. Mentre ci sei, discuteremo anche di come le affermazioni e il rinforzo positivo possano mantenerti motivato.

Alla fine di questo capitolo, avrai un set di strategie per impostare obiettivi solidi e intenzionali. Pronto per iniziare? Trasforma il tuo approccio alle tue aspirazioni!

Creazione di Obiettivi SMART per il Successo

Raggiungere i nostri sogni richiede più di un pensiero desideroso; richiede passi d'azione chiari. Ecco dove entrano in gioco gli **obiettivi SMART**—sono la pietra angolare del successo, proprio come avere una mappa dettagliata quando si parte per un viaggio. Quindi, approfondiamo i loro cinque componenti per vedere come possono trasformare le aspirazioni in realizzazioni.

Gli obiettivi specifici sono chiari e precisi. Pensate alla differenza tra dire "Voglio essere più sano" e "Voglio fare esercizio per 30 minuti, cinque giorni alla settimana." Quest'ultimo ti dà un obiettivo definito e aiuta ad eliminare qualsiasi ambiguità. Indica esattamente ciò che vuoi e cosa devi fare per arrivarci. Quindi, mentre si fissano gli obiettivi, concentrarsi su dettagli come "correre una 5 km in 2 mesi" farà molta strada.

Successivamente, gli obiettivi devono essere **Misurabili**. È davvero importante tenere traccia dei tuoi progressi con unità quantificabili. Immagina di voler "risparmiare di più." Questo obiettivo diventa più pratico—e meno schiacciante—se riformulato come "Risparmiare $200 ogni mese." Misurare ti dà un modo per tracciare il progresso e festeggiare traguardi lungo il cammino. Ogni mini-successo alimenta la motivazione a continuare.

Passando a **Raggiungibili**, che mantiene le cose concrete. Fissare obiettivi realistici e modesti assicura che non ci poniamo per il fallimento. Raggiungibile significa fissarsi obiettivi che siano effettivamente raggiungibili date le tue attuali circostanze di vita. Vuoi scalare l'Everest ma non hai mai praticato l'escursionismo?

Forse inizia con alcune vette locali prima. È fantastico sognare in grande, ma se i passi sono irrealistici, l'entusiasmo può svanire.

Perché gli obiettivi abbiano un vero valore, devono essere **Rilevanti**. Questo significa che le tue ambizioni dovrebbero allinearsi con i tuoi valori più ampi e gli obiettivi a lungo termine. Perché mirare alla promozione se desideri più tempo in famiglia? La spinta si indebolisce se l'obiettivo non risuona con valori più profondi. Scegliere obiettivi rilevanti mette sincerità ed emozione nei tuoi sforzi, rendendo ogni passo più appagante.

Nulla accade senza una scadenza. Ecco perché gli obiettivi dovrebbero essere **Temporali**—con un traguardo che non puoi ignorare. Una linea temporale aperta porta alla procrastinazione. Diciamo che vuoi scrivere un libro. Questo è troppo vago. Trasformalo in, "Completare la bozza entro il 31 dicembre." È sorprendente come una scadenza ferma possa spingere all'azione.

La creazione di questi obiettivi SMART segue semplici passaggi.

- **Definisci il Tuo Obiettivo**

  Capisci esattamente cosa vuoi raggiungere. Niente linguaggio evasivo qui—sii chiaro.

- **Determina i Punti di Controllo**

  Delinea piccoli punti di controllo che portano al tuo obiettivo finale. Una serie di traguardi è più facile da affrontare rispetto a un obiettivo enorme.

- **Verifica la Realizzabilità**

  Chiediti: È fattibile date le mie risorse e il mio tempo? Se sì, controlla di nuovo per eccessiva pressione o livelli di difficoltà.

- **Conferma il Valore**

  Pensa—è qualcosa di vicino al mio cuore? Si allinea con i valori personali?

- **Imposta una Scadenza**

  Crea un vero senso di urgenza fissando una linea temporale esplicita. Date reali rendono gli obiettivi più concreti e attuabili.

"Ogni progresso avviene al di fuori della tua zona di comfort." Permetterci di rimanere in ciò che è familiare non ci spinge verso la crescita e il raggiungimento di questi obiettivi ben definiti.

In definitiva, per far sì che i tuoi obiettivi **SMART** risuonino saldamente:

- Sii specifico: Dettaglia cosa significhi raggiungere l'obiettivo per te.
- Usa numeri: Denaro risparmiato, minuti esercitati—quantifica il progresso.
- Rimanere realistici: Bilancia l'ambizione con la fattibilità.
- Controlla l'allineamento: Assicurati che si adatti agli obiettivi personali.
- Definire le scadenze: Date di scadenza reali assicurano concentrazione e azione tempestiva.

Adottare questi principi aiuta a tracciare un percorso verso obiettivi con chiarezza consapevole, preparandoti per meno sforzi e più vittorie costanti.

Tecniche di Visualizzazione per la Chiarezza

Quando si tratta di impostare obiettivi con intenzione, la visualizzazione è uno strumento potente. Utilizziamo immagini mentali per immaginare noi stessi raggiungere gli obiettivi— visualizzando i passi che compiamo e celebrando il successo alla fine. Non è solo sognare ad occhi aperti; è utilizzare la mente per plasmare la nostra realtà.

Passo 1: Immagina di Raggiungere il Tuo Obiettivo

Inizia con un'immagine chiara di ciò che desideri raggiungere. Aggiungi il maggior numero possibile di dettagli. Pensa: Com'è quando raggiungi il tuo obiettivo? Forse ti vedi attraversare il traguardo di una maratona, un grande sorriso sul viso... il sudore che scorre giù, il tuo abbigliamento da corsa preferito addosso, il nastro del traguardo che si spezza contro il tuo petto. Le immagini aiutano a guidare il cervello nella convinzione.

Passo 2: Coinvolgi Tutti i Tuoi Sensi

Non fermarti solo alla vista. Coinvolgi gli altri tuoi sensi per rendere l'esperienza più reale. Quali suoni ci sono intorno a te mentre attraversi quel traguardo di maratona? Forse sono gli applausi della folla o il ritmo dei piedi che battono sul marciapiede. Come si sente il tuo corpo? Stanco ma esaltato, muscoli dolenti ma pieni di forza. Cosa puoi odorare? Forse il profumo dell'erba fresca o il sapore salato del tuo sudore. Più sensi coinvolgi, più chiara diventa la tua visione.

Passo 3: Stabilisci una Connessione Emozionale

Un punto importante—non solo vedere o percepire l'esperienza, ma sentirla. Immagina l'impeto di orgoglio quando ricevi quella medaglia. O l'emozione che ribolle mentre vedi il traguardo avvicinarsi. Questa connessione emotiva sovralimenta la tua visualizzazione, rendendola più motivante. In realtà:

I sentimenti di successo rafforzano abitudini positive, facilitando il mantenimento del tuo piano.

È come darti un'anteprima della ricompensa, e credimi, niente motiva come un assaggio della vittoria.

Mettere Tutto Insieme

Ecco un esempio dettagliato che puoi adattare alla tua situazione. Supponi di aver fissato come obiettivo fare un discorso di successo in un prossimo evento.

- **Visualizza:** Immagina te stesso sul palco. Vedi il pubblico di fronte a te.
- **Coinvolgi i Sensi:** Senti gli applausi quando vieni presentato. Senti il calore delle luci del palco. Senti la freschezza e la liscia consistenza del podio quando appoggi le mani su di esso. Gusta la menta che hai preso prima di salire sul palco. Gli odori nella stanza.
- **Connessione Emozionale:** Senti l'impeto di fiducia mentre le persone annuiscono in accordo con i tuoi punti. Percepisci la tua soddisfazione nel centrare tutti i tuoi punti chiave. Senti la gratitudine quando finisci e vedi gli sguardi apprezzativi sulle loro facce.

Un altro modo per rendere la visualizzazione ancora più impattante: scrivi la tua visione. Tienila in un luogo dove la vedrai ogni giorno. **Vedere le tue parole può aiutare a solidificare la visione nella tua mente.**

Per praticare costantemente la visualizzazione:

- Dedica alcuni minuti ogni giorno a immaginare i tuoi obiettivi.
- Sfrutta i momenti di silenzio—come appena prima di addormentarti.
- Mantieni queste visioni positive e incoraggianti.

Ogni volta che visualizzi, stai incisivando l'obiettivo più a fondo nella tua mente, rafforzando la tua disciplina e avvicinandoti sempre di più a renderlo realtà.

La visualizzazione è più potente quando fatta regolarmente. Inizia stasera... potresti restare stupito da ciò che questa piccola pratica può fare per te.

Metodo WOOP: Desiderio, Risultato, Ostacolo, Piano

Il Metodo WOOP si distingue quando si tratta di fissare obiettivi con intenzione. Si tratta di **scomporre** le aspirazioni in pezzi pratici ed è geniale. Possiamo concentrarci su una parte alla volta, rendendo i sogni ambiziosi gestibili.

Passo 1: Definisci la Tua Aspirazione

Al centro di tutto ciò che desideri realizzare c'è un sogno—un **desiderio**. Qui è dove ti permetti di pensare in grande—che tu voglia scrivere un libro, perdere peso o iniziare un nuovo hobby. Nominalo! Forse stai pensando di pubblicare un romanzo, correre una maratona, qualsiasi cosa. Sii chiaro e specifico perché la vaghezza solo confonde il tuo percorso verso il futuro.

Passo 2: Visualizza un Risultato di Successo

Successivamente, una volta definito il tuo desiderio, **visualizza** il risultato di successo. Immaginalo con così tanti dettagli che quasi lo possa toccare, vedere e sentire. Non solo "Voglio correre una maratona," ma "Mi vedo attraversare il traguardo, i miei amici che mi incitano, la stanchezza che si trasforma in pura gioia." Le aspirazioni liberate ti mantengono motivato! Per mantenere la tua immaginazione ancorata:

- Pensa ai suoni e alle immagini in quel momento.
- Immagina i volti che renderai orgogliosi.
- Considera come festeggerai.

"La pietra angolare dell'ispirazione è visualizzare il successo in modo che ogni senso lo sperimenti."

Passo 3: Identifica gli Ostacoli

Passo successivo—un po' più complicato ma fondamentale—individua gli **ostacoli**. Sì, è vitale riconoscere cosa potrebbe ostacolarti. Hai un lavoro che ti occupa la maggior parte del tempo? Tendi a procrastinare di fronte a compiti difficili? Questi ostacoli interni ed esterni, una volta riconosciuti, diventano ostacoli per i quali puoi pianificare.

Di solito, le persone esitano qui. Chi vuole pensare al fallimento? Eppure, questo rappresenta un passo significativo perché trasforma la potenziale scoraggiamento in una pianificazione proattiva. Quando stai progettando il tuo prossimo romanzo, sappi che il "blocco dello scrittore" non è solo un mito spaventoso... accade! Individua le cose che probabilmente ti faranno deviare dal percorso.

Passo 4: Sviluppa Strategie per Superare

Ora, sviluppiamo un **piano**. Questo passaggio gioca un ruolo fondamentale—è dove trasformi i problemi teorici in passi pratici. Affrontando il blocco dello scrittore? Pianifica esercizi di scrittura per iniziare ogni sessione. Il lunedì rallenta il tuo sogno di maratona? Allinea corse di allenamento più brevi e coinvolgenti con i lunedì. Le strategie possono essere qualsiasi cosa, dalla pianificazione di azioni specifiche alla ricompensa per i mini-successi.

Ad esempio, se il mio sogno è un romanzo e un grande ostacolo è "gestione del tempo," la mia lista di azioni potrebbe essere:

- Riservare uno slot di scrittura giornaliero.

- Utilizzare un timer per mantenere la concentrazione (brevezza favorisce la consistenza).
- Preparare degli schemi per ridurre l'incertezza nella scrittura.

Allo stesso modo, qualcuno che mira a obiettivi di fitness potrebbe:

- Impostare obiettivi incrementali—una corsa breve oggi, una più lunga la prossima settimana.
- Unirsi a corse della comunità per uno slancio sociale.

Il **concetto chiave**: non trattare gli ostacoli come rallentamenti. Ogni piano delineato è un passo potenziato che cristallizza il tuo sogno nella realtà.

Ed ecco il fascino—come mescolare una salsa speciale—i piani non devono essere identici per ogni problema. Personalizzali, modificali e riscrivili finché non si adattano bene al tuo stile di vita e alle tue particolarità. Dai fogli adesivi che tappezzano il tuo spazio di lavoro ai promemoria digitali—qualsiasi cosa allinei la legalità alla funzionalità e alla creatività.

Fondamentalmente, il WOOP consiste nel convertire un'aspirazione esistente in un modello attentamente scolpito di ciclo sogno-realtà-azione. Fissare obiettivi. Pianificare punti di attrito. Modificare piani sensati. Propellere con determinazione. E forse, più fondamentalmente: **raggiungere passo dopo passo logico.**

Utilizzare il Modello GROW per Raggiungere gli Obiettivi

Stabilire degli obiettivi potrebbe essere abbastanza facile, ma raggiungerli? Ecco dove diventa complicato. E qui interviene il **modello GROW**, aiutandoci a stabilire con precisione ciò che vogliamo e come esattamente ci arriveremo. Ecco il punto—quando siamo chiari su ciò che vogliamo, diventa più facile inseguirlo.

Passo 1: Obiettivo

Quindi, cominciamo con la parte più ovvia: definire l'obiettivo. Chiediti, "Cosa esattamente voglio raggiungere?" Deve essere chiaro e specifico. Se stai cercando di migliorare la tua salute, anziché dire, "Voglio essere in forma," punti a "Voglio correre una 5K in meno di 30 minuti entro la fine di tre mesi." Renderlo misurabile ti dà un modo per tracciare il tuo successo. È come se, anziché un'idea vaga, avessi questo obiettivo chiaro davanti a te. Questo è motivante e, ammettiamolo, molto più divertente.

Passo 2: Realtà

Il passo successivo riguarda tutta l'onestà—valutare dove ti trovi in questo momento. Prenditi un momento per considerare, "Dove mi trovo attualmente in relazione al mio obiettivo?" È un controllo della realtà. Diciamo che il tuo obiettivo è correre quella 5K; devi guardare al tuo attuale livello di forma fisica. Forse fai fatica a correre per un minuto senza ansimare. Va bene, è giusto sapere da dove stai partendo. Quando sei consapevole della tua situazione, ti dà un quadro realistico del divario che devi colmare. Sii sincero con te stesso—questo è il momento della pura e imparziale verità.

Passo 3: Opzioni

Qui le cose si fanno interessanti. Ora, "Cosa posso fare per passare dal punto A (realtà attuale) al punto B (l'obiettivo)?" Inizia a brainstormare opzioni. Nel nostro esempio della 5K, cosa potresti fare? Forse unirti a un gruppo di corridori, scaricare un'app per correre, o iniziare una routine di camminate e aumentare gradualmente il tuo ritmo. A volte le idee più semplici funzionano meglio, come procurarsi un paio affidabile di scarpe da corsa. Buttalo tutto fuori; potresti avere più percorsi di quanti pensi.

Passo 4: Volontà

Infine, si tratta di impegnarsi nel tuo piano—decidere azioni specifiche. Non è solo pensare, "Correrò," ma si tratta di stabilire passi effettivi. Quindi annota: "Allenerò tre giorni a settimana." Non, "Forse correrò quando posso." Un'altra aggiunta da considerare è la responsabilità. Magari racconta a un amico del tuo piano per la 5K o usa, uh, app per tracciare i tuoi progressi e tenere registri. Questo trasforma un'intenzione casuale in un impegno ferreo, rendendo più difficile tirarsi indietro.

"Gli obiettivi non scritti sono solo desideri." Scrivere le cose—o dirle ad alta voce—dà loro peso, sostanza. Trasforma un pensiero in un piano d'azione. Lo vedi, te ne ricordi, e lentamente ma sicuramente, inizi a lavorare verso di esso.

Ed ecco fatto. L'obiettivo è stabilito, la realtà è valutata, le opzioni esplorate, e sei impegnato. La bellezza del **modello GROW** risiede nella sua semplicità e nel suo potere di trasformare la consapevolezza di sé imparziale (che potrebbe pungere un po') in progresso reale, un passo realizzabile alla volta. Quindi, prendi quell'idea incerta nel tuo pensiero—lucidala, preparala e corri con essa...letteralmente se è il caso!

Affermazioni e Rinforzo Positivo

Hai mai guardato allo specchio e pensato, "Ce la posso fare"? Questa è un'afferamzione quotidiana che lavora per aumentare la fiducia in se stessi poco alla volta. Iniziare la giornata con affermazioni può davvero impostare il tono. Pensaci come a darti un high-five mentale prima ancora di uscire di casa.

Per esempio, dire "Sono capace di raggiungere i miei obiettivi" all'inizio della giornata può influenzare significativamente la tua mentalità. Sostituisce il dubbio con la certezza. Le affermazioni creano una narrazione in cui tu sei l'eroe, armato e pronto per le sfide che il giorno ha da offrire.

Un altro strumento potente è il dialogo interiore positivo. Questo non riguarda solo parlare con te stesso; si tratta di esortarti! Il dialogo interiore positivo incoraggia la resilienza, quindi quando le cose non vanno come previsto (perché, ammettiamolo, succede), sei meglio preparato per riprenderti.

Immagina, stai lavorando su un progetto e hai fatto un errore. Invece di "Sono proprio un idiota," prova "È una curva di apprendimento; farò meglio la prossima volta." Questa svolta nel tono - riconoscendo gli errori senza lasciarli definire le tue capacità - favorisce la forza mentale, la base per la resilienza.

Quando si parla di progressi, è importante premiare i traguardi. Certo, gli obiettivi principali sono importanti, ma celebrare le piccole vittorie ti mantiene motivato lungo il cammino. Queste ricompense non devono essere grandiose. Un pezzo di cioccolato (te lo sei meritato!), una pausa danza di dieci minuti, o semplicemente riconoscere i tuoi progressi possono fare miracoli.

Ecco una guida rapida per integrare queste tecniche:

- **Imposta la Tua Affermazione Quotidiana**

  Scegli qualcosa di specifico e positivo. Forse "Sono concentrato e persistente oggi" o "Affronto le sfide con grazia." Ripetilo quotidianamente. Suggerimento bonus: scrivilo e attaccalo allo specchio per un promemoria quotidiano.

- **Coinvolgiti nel Dialogo Interiore Positivo**

  Quando un pensiero negativo si insinua, contrastalo immediatamente:

  - "Questo è troppo difficile" diventa "Troverò un modo per superare questo."

- o "Non posso farlo" si trasforma in "Affronterò questo passo per passo."
- **Premia i Traguardi**

Identifica piccole conquiste lungo il percorso verso il tuo grande obiettivo. Hai finito un compito difficile oggi? Regalati qualcosa che ti piace. Celebrare questi momenti rende il viaggio più gratificante e ti mantiene motivato.

Grande o piccolo, affermare te stesso e celebrare i passi avanti è cruciale. Citando un'idea illuminante:

"Il successo è la somma di piccoli sforzi, ripetuti giorno dopo giorno."

Non si tratta solo della destinazione; si tratta di godersi le tappe lungo il cammino.

In altre parole, quando imposti i tuoi obiettivi con intenzione - completandoli con affermazioni quotidiane, coinvolgendoti nel dialogo interiore positivo e celebrando traguardi minori - crei un ambiente in cui il successo appare naturale e semplice. Raramente devi costringerti perché stai riconoscendo ogni sforzo compiuto, affermando te stesso quotidianamente e riconoscendo la tua resilienza.

Ogni giorno non è perfetto e i contrattempi fanno parte di ogni impresa. Ma con questi strumenti, tratti ogni piccola vittoria come un segno di progresso, migliorando lentamente ma costantemente la tua fiducia in te stesso e la tua resistenza mentale.

Provalo - afferma te stesso, parla gentilmente con te stesso e celebra anche le vittorie più piccole. Guarda come diventi disciplinato e entusiasta in modo positivo.

Mettiamoci Pratici!

Va bene, sei pronto a mettere le cose in movimento con un po' di azione reale, eh? Impostiamo quegli obiettivi con intenzione e portiamo un po' di struttura e divertimento nel processo. Questo esercizio lega insieme tutti i principi del Capitolo 4, quindi prendi una penna, un po' di carta e via!

Passo 1: Definisci un Obiettivo SMART

Inizia redigendo un obiettivo **Specifico, Misurabile, Realizzabile, Rilevante e Temporizzato (SMART)**. Pensa a qualcosa che desideri veramente realizzare. Potrebbe essere qualsiasi cosa, dal migliorare la tua forma fisica a padroneggiare una nuova abilità. Ad esempio, invece di dire "Voglio mettermi in forma", di' "Correrò tre volte a settimana per 30 minuti e perderò 10 chili entro tre mesi".

- Specifico: Corsa
- Misurabile: Tre volte a settimana per 30 minuti e 10 chili
- Realizzabile: Valuta se il tuo obiettivo rientra nelle tue capacità.
- Rilevante: Allinealo con obiettivi di vita più ampi, come la salute.
- Temporizzato: Tre mesi.

Scrivi tutto questo—non tenerlo solo in testa!

Passo 2: Tecniche di Visualizzazione per Chiarezza

Chiudi gli occhi—o tienili aperti se è così che fai le cose, e dipingi mentalmente una scena in cui raggiungi questo obiettivo. Immaginati correre, sudare, e completare quella corsa di 30 minuti con facilità. Cosa indosserai? Come ti sentirai? Questa rappresentazione mentale può essere potente.

Prova frasi come "Posso vedermi completare ogni sessione di corsa, sentirmi più energico e in forma ogni giorno."

Passo 3: WOOP

Il metodo WOOP (Desiderio, Risultato, Ostacolo, Piano) è un modo fantastico per analizzare le cose. Ecco come:

- **Desiderio**: Riafferma il tuo desiderio. È il tuo obiettivo mettersi in forma correndo.
- **Risultato**: Visualizza nuovamente il risultato, prestando attenzione ai benefici. Pensa all'energia e alla fiducia che acquisirai.
- **Ostacolo**: Sii realistico e identifica gli ostacoli potenziali. Forse alcuni giorni ti sentirai troppo stanco o il tempo potrebbe non essere favorevole.
- **Piano**: Sviluppa un piano d'azione per superare questi ostacoli. Per il cattivo tempo, potresti passare a un allenamento indoor. Per la stanchezza, concentra su abitudini di sonno più salutari.

Esempio:

- Desiderio: Correre tre volte a settimana.
- Risultato: Sentirsi più sano e più forte.
- Ostacolo: Sensazione di stanchezza o cattivo tempo.
- Piano: Allenarsi in casa o modificare la routine del sonno.

Passo 4: Applicare il Modello GROW

Qui utilizzeremo il modello GROW (Goal, Reality, Options, Way forward) per cristallizzare il tuo approccio.

- **Obiettivo**: Enuncia il tuo obiettivo SMART. 'Perdere 10 chili correndo tre volte a settimana per 30 minuti in tre mesi.'
- **Realtà**: Dove ti trovi attualmente? Forse la tua attuale routine di allenamento è sporadica?
- **Opzioni**: Fai un brainstorming di opzioni per raggiungere il tuo obiettivo. Potresti unirti a un gruppo di corsa o usare un'app di fitness per motivazione?
- **Via Avanti**: Qui si passa all'azione concreta. Quali azioni specifiche intraprenderai questa settimana per fare progressi?

Esempio Pratico:

- Obiettivo: Correre, perdere peso.
- Realtà: Abitudini di esercizio irregolari.
- Opzioni: Unirsi a un gruppo di corsa, impostare promemoria.
- Via Avanti: Unirsi a un gruppo di corsa entro lunedì prossimo, pianificare corse nel calendario.

Passo 5: Rinforzo Positivo con Affermazioni

Crea affermazioni per mantenere alto il morale. Il rinforzo positivo costruirà quel momento necessario. Scrivi alcune affermazioni e leggile quotidianamente.

Esempi:

- "Sono forte e capace di raggiungere i miei obiettivi di fitness."
- "Ogni passo che faccio mi avvicina alla mia forma più sana."
- "Sono impegnato nella mia routine di corsa e si vede dai miei progressi."

Scrivile, attaccale al muro o allo specchio—ovunque le vedrai regolarmente.

Conclusione

Alla fine di ogni settimana, rifletti sui tuoi progressi. Annota cosa ha funzionato, cosa no, e eventuali aggiustamenti necessari. Celebra le piccole vittorie!

Metti Tutto Insieme

Ehi, questo esercizio non è una cosa isolata. Integralo nella tua routine. Rivaluta i tuoi obiettivi, visualizza il tuo successo, allontana i potenziali ostacoli con il metodo WOOP, applica il modello GROW per azioni concrete, e ancorati con affermazioni.

Coerenza e positività sono le chiavi del gioco. Hai tutti gli strumenti nel Capitolo 4; ora è il momento di brillare!

Capitolo 5: Costruire Abitudini Efficaci

"Noi siamo ciò che facciamo ripetutamente."

Costruire abitudini è una parte essenziale per raggiungere il successo a lungo termine e creare una vita appagante. Ma, **formare buone abitudini non è sempre facile**—molti di noi lottano con routine inefficaci che ci prosciugano energia e motivazione. Ti suona familiare? Questo capitolo si concentra nel fornire strategie pratiche per assicurare che le nostre abitudini supportino il nostro benessere complessivo.

Ti sei mai chiesto come alcune persone riescono a fare esercizio in modo costante, mangiare bene e comunque finire la giornata con energia? Hanno una solida comprensione della costruzione efficace delle abitudini—qualcosa che scopriremo insieme in questo capitolo. Esamineremo concetti come l'impilamento delle abitudini per risultati duraturi e la creazione di routine mattutine e serali che possono cambiare la tua giornata. Immagina di svegliarti carico di energia e andare a letto soddisfatto, sapendo di aver sfruttato al meglio il tuo tempo.

Discuteremo anche l'incorporare esercizio fisico e meditazione nelle routine quotidiane—aspetti chiave che potenziano sia la mente che il corpo. **Una nutrizione sana** e il suo impatto sulle performance saranno evidenziati, mostrando come scelte alimentari semplici possano portare a cambiamenti significativi. Infine, l'importanza di un sonno di qualità nella costruzione della forza di volontà completerà la nostra esplorazione.

Pronto a trasformare le tue abitudini quotidiane e potenziare la tua vita? Cominciamo.

Accumulo di Abitudini per il Successo a Lungo Termine

Uno dei modi più efficaci per creare abitudini durature è attraverso l'accumulo di abitudini, che significa combinare piccoli compiti in routine. Invece di pensare di impegnarsi in un compito grande, immagina di costruire una catena di azioni minime. In questo modo, ogni piccola abitudine è supportata dalla successiva, formando alla fine una routine forte e senza soluzioni di continuità.

Iniziare con azioni semplici è un metodo diretto. La tattica qui è scegliere qualcosa così facile da fare che è impossibile non farlo. Se il tuo obiettivo è migliorare l'igiene orale, inizia mettendo il tuo spazzolino da denti accanto alla sveglia. Quando quella sveglia suona al mattino, ti ricorda di lavarti i denti subito. Poi, passa alla prossima piccola abitudine: rifare il letto subito dopo averli lavati.

Costruendo su queste semplici abitudini, inizia ad aggiungere più azioni man mano che diventano automatiche. Prendi ad esempio l'esercizio fisico. Inizia con soli cinque minuti di stretching ogni mattina. Quando questo diventa naturale, aggiungi una corsa di dieci minuti o esercizi leggeri con il peso del corpo. Sovrapponi queste azioni l'una sull'altra fino a creare una solida routine mattutina - non sembra schiacciante e, cosa più importante, viene fatta.

Passo dopo passo, parliamo dell'accumulo di abitudini con alcuni esempi pratici.

Passo 1: Identificare le Abitudini Attuali

- Prendi nota delle piccole abitudini quotidiane che già fai senza pensarci - bere caffè, controllare il telefono, o anche qualcosa di automatico come chiudere la porta dietro di te.

Passo 2: Scegliere Nuove Abitudini Semplici

- Le nuove abitudini dovrebbero essere azioni che richiedono al massimo un minuto o due. Gli esempi potrebbero includere brevi passeggiate quotidiane, bere un bicchiere d'acqua appena sveglio, o scrivere una lista delle cose da fare abbastanza piccola.

Passo 3: Accoppiare le Nuove Abitudini con quelle Esistenti

- Collega una nuova abitudine a una già consolidata. Ad esempio, mentre il caffè si prepara al mattino, potresti meditare per un minuto. Oppure prima di usare il telefono, leggi una pagina di un libro.

Gli esempi della vita reale aiutano a capire come funziona questo processo. Nell'accumulare abitudini, considera qualcuno che vuole migliorare la produttività. Se hanno già l'abitudine di controllare le email subito dopo colazione, possono aggiungere una rapida routine di stretching di due minuti prima di sedersi alla scrivania. Alla fine, possono aggiungere cinque minuti di definizione degli obiettivi per la giornata prima di iniziare con le email. A lungo andare, queste piccole azioni creano una efficiente routine mattutina con poca riflessione.

Rendiamolo personale. Sono qualcuno che prima detestava bere acqua. Mi piaceva il caffè, evitando qualsiasi cosa simile all'H2O puro. Così ho iniziato con un passo semplice. Prima di preparare il mio caffè mattutino, riempivo una bottiglia d'acqua. Nessun tempismo speciale, solo una struttura diretta "fai questo prima". Indovina un po'? Col tempo... bere quella bottiglia prima di godermi il caffè è diventato naturale. Assunzione di acqua: risolta!

La magia qui risiede nella semplicità e nell'accumulo graduale. Tentare di aggiungere con forza un nuovo comportamento potrebbe portare alla frustrazione. Accumulando ciò che intendi fare su abitudini già radicate, il processo diventa praticamente senza soluzione di continuità - quasi automatico.

Certamente, è cruciale far funzionare tutto per te. Alcuni preferiscono il promemoria scritto posizionando post-it in punti visibili, incoraggiando la nuova azione finché non si fissa. Altri monitorano i progressi, forse non con orari restrittivi ma attraverso un elenco di controllo più rilassato.

"Il successo è la somma di piccoli sforzi, ripetuti giorno dopo giorno."

Quando le piccole abitudini si accumulano nel tempo, scavano nuovi percorsi nella tua giornata (e nella tua mente, in un certo senso). Si tratta di trovare quel modello - sovrapponendole nel modo giusto in modo che si supportino, anziché sopraffare. Semplicità complessa, giusto? Complementando nuove abitudini più complesse con nodi esistenti nella tua giornata, coltiverai gradualmente il successo.

Nel grande schema di questa pratica, le abitudini diventano collegate come una catena. Non sei sopraffatto dai grandi cambiamenti. Invece, stai prendendo gradualmente il controllo, pezzo per pezzo - senza sforzo.

Quindi, inizia identificando le tue piccole routine. Sovrapponi quelle nuove azioni in modi che ti sembrano naturali... e presto scoprirai che portano a risultati più grandi e migliori. Ecco a fare in modo che quelle abitudini benefiche si radichino senza fatica!

Routine mattutine e serali che funzionano

È importante pianificare orari di risveglio costanti. Perché, ti chiederai? È perché la costanza determina l'andamento della tua giornata - svegliarsi alla stessa ora ogni giorno aiuta a definire come interagisci con il mondo. E, onestamente, rende tutto più facile. Ad esempio, se stai cercando di andare in palestra prima del lavoro, sai esattamente quanto tempo hai a disposizione...niente giochi di indovinelli. Inoltre, il tuo corpo si abitua, rendendo le mattine leggermente meno assonnate.

Parliamo delle serate. Riflettere sulla giornata prima di dormire non è solo per i vecchi filosofi. Onestamente, è uno dei migliori abitudini che puoi sviluppare. Prendi un quaderno e annota alcuni pensieri. Scrivere cose come "Cosa è andato bene oggi?" e "Cosa posso migliorare domani?" può creare una magia reale nel tempo. Ti offre un momento di pausa - essere più consapevole prima di andare a letto. E onestamente, è molto meglio che scorrere il telefono per ore.

Ora, gli orari di risveglio sono pianificati. Ottimo, ma cosa succede con la priorità delle attività? Inizia con quelle più importanti. Forse è quel rapporto che hai rimandato o quella conversazione difficile che devi affrontare. Affrontala...Fallo. Togliere i compiti più grandi subito ti dà un grande senso di realizzazione - un piccolo incoraggiamento di "Ce la posso fare!" per il resto della giornata. Sai quando riesci a fare una cosa e improvvisamente tutto il resto sembra più facile da fare? È quel slancio che stiamo cercando.

Ecco un modo pratico per iniziare:

- **Pianifica orari di risveglio costanti**

  Immagina di impostare la sveglia alla stessa ora durante la settimana e anche nei weekend. Mettila dall'altra parte della stanza se necessario, così devi alzarti fisicamente per spegnerla. (Sì, potrebbe sembrare crudele, ma funziona sicuramente). Avere un orario di risveglio regolare addestra il tuo corpo e la tua mente a svegliarsi naturalmente, riducendo la lotta con il pulsante snooze.

- **Rifletti sulla giornata prima di dormire**

  Prima di andare a letto, prenditi qualche minuto per ricapitolare la tua giornata. Rifletti su quei momenti di incontro o dialoghi condivisi durante il giorno. Chiediti onestamente, "Qual è stato il momento clou di oggi?" e "Dove posso apportare piccoli cambiamenti domani?". Questa piccola abitudine può essere piuttosto potente e rallentare i tuoi pensieri facilitando il sonno.

- **Dai priorità alle attività importanti**

  Fai una lista la sera prima o il mattino successivo. Annota fino a tre cose importanti che devi fare. Classificale in ordine di importanza e lavoraci diligentemente. Sì, potrebbe non sembrare divertente, ma credimi, affrontare prima le cose grosse può lasciarti in uno spazio mentale ottimo per il resto della giornata.

L'idea è sviluppare semplici routine che realmente fanno la differenza. Anche se riflettere sulla giornata non è obbligatorio, sicuramente aiuta. Mettere in pratica orari di risveglio costanti non è per i maniaci del controllo; è per coloro che cercano di vivere una vita più fluida, meno frenetica. Dare priorità potrebbe sembrare travolgente inizialmente, ma una volta padroneggiato, i compiti non si accumulano.

"Il successo non è la somma di cambiamenti potenti; è l'abitudine ben praticata di azioni semplici eseguite in modo coerente."

Non affrettarti solo attraverso la vita. Prendi provvedimenti per assicurarti che le tue routine siano in linea con i tuoi obiettivi giornalieri. Mescola attività di formazione di abitudini come un orario di risveglio costante e la riflessione attiva sui giorni passati - le cose sembreranno molto più gestibili, non è vero?

Integrare l'Esercizio e la Meditazione nella Tua Routine

Per molti di noi, iniziare una routine di allenamento può sembrare scoraggiante. Rimandiamo, forse perché siamo troppo stanchi, occupati, o semplicemente "non ne abbiamo voglia". Ma mantenere un programma regolare di esercizi non riguarda solo la salute fisica; si tratta di costruire abitudini efficaci che migliorano il benessere generale. Ho alcuni consigli, sperabilmente pratici, per aiutarti ad iniziare e a rimanere in pista.

Passo 1: Programma sessioni di allenamento quotidiane.

Fin dall'inizio, trova del tempo per questo. Mattina o sera? Non importa. Scegli quello in cui ti senti più energico. Annotalo nel tuo planner. Trattalo come un appuntamento importante. "Hai una riunione alle 10? Palestra alle 5?" Non è solo appuntare qualcosa; è riservare un periodo di tempo dedicato a te e alla tua salute.

Considera le attività che ti piace fare. Odi correre? Prova una lezione di danza o ciclismo invece. È più facile mantenere qualcosa che ti piace (o almeno non odii). E presta attenzione a come ti senti il tuo corpo dopo un allenamento e lascia che questo ti motivi.

Passo 2: Pratica la meditazione di consapevolezza.

Lo so, la meditazione potrebbe sembrare un po' strana, ma resisti con me. Questa piccola pratica può ridefinire il modo in cui gestisci lo stress. Trova un posto tranquillo e siediti comodamente. Concentrati sulla tua respirazione - sentila, rallentala, e guida la tua mente indietro ogni volta che si disperde. Potrebbe sembrare complicato all'inizio, ma diventa naturale con un po' di pratica.

Pensaci in questo modo - l'esercizio allena il tuo corpo mentre la meditazione allena la tua mente. Non salteresti il giorno delle gambe, quindi perché saltare il giorno della salute mentale? Cerca di incorporare 5-10 minuti di meditazione nella tua routine quotidiana. Rendilo ancora più semplice collegandolo ad un'altra abitudine, come subito dopo il tuo allenamento mattutino o appena prima di dormire.

Passo 3: Bilancia attività fisiche e mentali.

"Dicono che non puoi versare da una tazza vuota"... e davvero, non dovresti essere la tua priorità qui? Bilanciare attività fisiche e mentali può aiutarti a rimanere centrato. Mescola esercizi cardio con stretching o yoga. Segui una sessione di HIIT con alcuni esercizi di respirazione.

L'idea qui è creare armonia. Non hai bisogno di ore per questo equilibrio - una semplice passeggiata di 30 minuti seguita da 10 minuti di meditazione può fare miracoli. Ascolta il tuo corpo e la tua mente, rispondendo a ciò di cui ciascuno ha bisogno in quel momento.

Ecco un pepita d'oro da ricordare:

"Non si tratta di essere il migliore; si tratta di essere migliore di quanto fossi ieri."

Un tale equilibrio assicura che non stai trascurando un aspetto rispetto all'altro. Mescola la consapevolezza nell'esercizio - quando corri, lascia perdere la musica per un po' e ascolta il suono del tuo respiro. Ti connette più profondamente con l'attività e spesso porta a allenamenti più produttivi ed efficaci.

Ti senti incerto su dove iniziare? Va bene... comincia piano. Fai quella passeggiata intorno al blocco, annota quell'allenamento, respira profondamente, e lascia che piccoli passi ti guidino collettivamente verso la costruzione di abitudini efficaci. Questa pratica continua non solo ti manterrà in forma; favorirà un senso di calma e benessere, aiutandoti a affrontare le sfide con una mente più chiara e concentrata. La costanza è fondamentale, qui - non la perfezione.

Concetti importanti su cui concentrarsi:

- Scegli attività piacevoli
- Riserva del tempo dedicato
- Mescola l'esercizio con la consapevolezza
- Mantieni la costanza più della perfezione

Preparati per il successo, non per il fallimento. E sii gentile con te stesso; stai facendo qualcosa di straordinario qui. Allenare sia il corpo che la mente può spianare la strada per una vita equilibrata e più appagante.

Nutrizione Salutare per una Performance Ottimale

Consumare pasti equilibrati e ricchi di nutrienti gioca un ruolo fondamentale nel modo in cui svolgiamo le nostre attività quotidiane. Spesso durante la giornata mangiamo spuntini veloci che sembrano innocui ma non aiutano veramente il nostro corpo a operare al meglio. Curiosamente, i pasti che consumiamo possono influenzare notevolmente la nostra concentrazione, i livelli di energia e il benessere generale. Più di ogni altra cosa, puntare a un equilibrio nella nostra dieta apre la strada per una performance ottimale.

Per iniziare, scegliere cibi integrali invece di quelli processati è fondamentale. Quando evitiamo cibi processati e zuccheri, i nostri corpi ricevono nutrienti nella loro forma naturale. Hai mai letto l'etichetta di uno snack e non hai riconosciuto metà degli ingredienti? Questo è il nostro segnale - i nostri corpi prosperano meglio quando ci atteniamo a cibi semplici e naturali. Ad esempio, pensa di prendere una mela invece di una barretta di cioccolato. In questo modo, non solo evitiamo lo zucchero non necessario, ma forniamo anche al nostro corpo fibre e vitamine che supportano un'energia costante rispetto a picchi e crolli rapidi.

E parlando di **energia**... rimanere idratati durante tutta la giornata è altrettanto importante. L'**acqua** ci aiuta a sentirci più svegli e può migliorare il nostro umore. Voglio dire, chi non ha mai avuto una di quelle giornate in cui ci si sente strani, e poi ci si rende conto di non aver bevuto abbastanza **acqua**? Sì, l'idratazione può fare miracoli. Consiglio da professionista: tenere una bottiglia d'**acqua** a portata di mano rende più facile bere in modo costante. Se l'**acqua** semplice non ti piace, aggiungere una fettina di limone può dargli una svolta rinfrescante senza aggiungere sostanze nocive.

Inoltre, è anche molto importante pensare a come combiniamo i nostri cibi. Pasti equilibrati includono una miscela di proteine, grassi sani e carboidrati. Ad esempio, iniziare la giornata con dell'avena condita con frutti di bosco e una manciata di noci soddisfa tutte le esigenze. Le proteine delle noci, i carboidrati dell'avena e gli zuccheri naturali dei frutti di bosco insieme forniscono un ottimo e duraturo aumento di energia. Fidati di me, prova alcune combinazioni e nota come il tuo corpo risponde in modo diverso rispetto a un veloce bagel da solo.

Ecco qualcosa che mi preme sottolineare: **verdure e ortaggi sono i nostri migliori alleati**. Sono ricchi di vitamine e minerali essenziali. Hai mai sentito il detto "mangia l'arcobaleno"? Si tratta di includere vari ortaggi colorati nei tuoi pasti. Ogni colore offre diversi nutrienti che rafforzano collettivamente il nostro corpo. La prossima volta che prepari un pasto, aggiungi peperoni rossi, spinaci e magari delle carote colorate. Non sono solo salutari per te, ma possono trasformare il tuo piatto in una tavolozza vibrante.

Una grossa porzione di cibi naturali fa la differenza. I cibi processati e veloci possono farci sentire appesantiti e stanchi, sabotando i nostri sforzi verso i nostri obiettivi. Ciò non significa eliminare del tutto gli snack (non sarebbe divertente), ma essere consapevoli e scegliere opzioni migliori la maggior parte delle volte fa la differenza.

"La più grande ricchezza è la salute, e le scelte che facciamo quotidianamente plasmano significativamente quella ricchezza."

Per concludere questa riflessione, pensa di metterla in pratica in questo modo:

- **Mixa il tuo Piatto**

  Combina proteine, grassi e carboidrati per mantenere i livelli di energia. Pensa a carni magre con riso integrale e verdure - quel genere di cose.

- **Spuntini Intelligenti**

  Sostituire le patatine con frutta o noci ti aiuta a sentirti sazio più a lungo e ti fornisce un migliore combustibile.

- **Idratazione Costante**

  Sorsi semplici e ripetuti durante la giornata possono ripagare con una maggiore concentrazione ed energia. Tieni l'**acqua** visibile e accessibile, come sulla tua scrivania di lavoro o nella tua borsa.

Integrare questi abitudini potrebbe sembrare passi piccoli, ma credimi, fanno la differenza. Prendersi del tempo per mangiare bene, rimanere idratati e scegliere cibi integrali invece di quelli processati ci prepara naturalmente al successo. Affida a questi concetti di base e osserva come migliorano la tua performance quotidiana.

Il Ruolo del Sonno nella Costruzione della Forza di Volontà

Dormire a sufficienza non riguarda solo sentirsi riposati; è anche una parte fondamentale nella costruzione della forza di volontà. Molti trascurano questo aspetto, pensando di poter "andare avanti" senza riposo sufficiente. Ma questo atteggiamento porterà rapidamente al "burnout" e renderà più difficile raggiungere i tuoi obiettivi. Dormire a sufficienza può davvero aiutare, quindi concentrati su come ottimizzare il tuo programma di sonno.

Se puoi, mira a 7-8 ore di sonno ogni notte. Questo intervallo è stato dimostrato essere ideale per la maggior parte degli adulti. Anche se è allettante rimanere svegli fino a tardi per finire quel ultimo lavoro o guardare solo un altro episodio, è cruciale mettere il sonno in cima alla tua lista di priorità. Dopotutto, il sonno inadeguato influisce sul tuo umore, la tua concentrazione e la tua capacità di prendere decisioni... tutte cose che influenzano direttamente la tua forza di volontà.

Mantenere un programma di sonno regolare è altrettanto importante. Andare a letto e svegliarsi alla stessa ora ogni giorno imposta l'orologio interno del tuo corpo, o ritmo circadiano. Questa coerenza può rendere più facile addormentarsi e svegliarsi naturalmente, senza sentirsi assonnati. Se il tuo programma di sonno varia troppo, può interferire con questo ritmo e farti sentire come se fossi stato investito da un treno al lunedì mattina. Credimi, vale la pena sforzarsi di renderlo un'abitudine, anche nei weekend.

Vuoi anche creare una rilassante routine serale. Immagina di rilassarti ogni giorno con attività che ti aiutano a rilassarti anziché stimolarti. Ecco alcuni consigli pratici:

- **Abbassa le luci:** Ridurre la luminosità intorno a casa segnala al tuo corpo che è ora di iniziare a concludere le cose.

- **Metti via gli schermi:** La luce blu dei telefoni e dei computer può mantenere il tuo cervello sveglio. Prova a leggere un libro o ascoltare musica calma invece.
- **Bagno caldo o doccia:** Questo può aiutare a rilassare muscoli e mente dopo una lunga giornata.
- **Respirazione consapevole:** Dedica qualche minuto a concentrarti sul respiro per alleviare lo stress o le preoccupazioni persistenti.

"Non è il sonno che ottieni... È il MIGLIOR sonno che ottieni," potrebbe sembrare semplice, ma ha molto peso. Se dormi bene e in modo di qualità, sei più propenso a rafforzare la tua forza di volontà.

Considera alcuni consigli su cosa pensare, fare o provare se stai lottando per rendere solida quella base di sonno. Rifletti su come essere ben riposato possa portare a decisioni più efficaci. Senti come meno stanchezza influenzi positivamente il tuo umore ogni giorno. Inizia a notare piccole conquiste che sono più facili da raggiungere perché sei ben riposato.

Tieni presente che rieducare le tue abitudini di sonno non avverrà da un giorno all'altro (gioco di parole inteso). Ma proprio come qualsiasi altra abitudine, la costanza paga. Apporta aggiustamenti graduali:

- **Modifica l'orario di andare a letto:** Se di solito vai a dormire troppo tardi, sposta l'orario di andare a letto in incrementi di 15 minuti.
- **Luce solare mattutina:** Il tuo corpo ha bisogno di luce naturale presto durante il giorno per aiutare a regolare il tuo orologio interno, quindi assorbi un po' di sole quando puoi.
- **Limita caffeina e alcol:** Questi possono interferire con la tua capacità di addormentarti e rimanere addormentato.

Concentrarsi sul sonno potrebbe sembrare basilare, ma la verità è che cattive abitudini di sonno potrebbero essere uno dei principali ostacoli alla tua forza di volontà robusta. Mirando a 7-8 ore, mantenendo un programma costante e creando una rilassante routine serale, stai predisponendo il terreno per un te più determinato e resiliente. Quindi, provaci e guarda come questo semplice cambiamento può influenzare profondamente la tua vita.

Mettiamoci all'opera!

Va bene, tiriamo su le maniche e entriamo nei dettagli della costruzione di abitudini efficaci. Questo esercizio ti guiderà passo dopo passo nell'applicare la saggezza del Capitolo 5 di "Il Potere della Positiva Autodisciplina", trasformando quei concetti astratti in abitudini quotidiane.

Passo 1: Definisci il tuo 'Perché?'

Inizia individuando le tue motivazioni. Pensa a perché vuoi creare nuove abitudini. È per una migliore salute, maggiore produttività o pace interiore? Scrivilo. Per esempio:

- "Voglio creare abitudini più salutari per avere più energia per i miei figli."
- "Desidero sviluppare una routine mattutina per iniziare la giornata con una mente lucida."

Mantenere le tue ragioni al centro può essere la forza di ancoraggio di cui hai bisogno quando le cose si fanno difficili.

Passo 2: Inizia con Piccoli Passi con l'Accatastamento delle Abitudini

Vorrai iniziare attaccando una nuova abitudine a una già esistente - un semplice ma potente trucco mentale. Si chiama accatastamento delle abitudini. Identifica un'abitudine attuale, come lavarti i denti, e aggiungi subito dopo una nuova abitudine, anche se piccola. Ecco come puoi farlo:

- Se di solito ti lavi i denti al mattino, aggiungi 5 minuti di meditazione subito dopo.

- Se fai colazione al mattino, annota tre cose per cui sei grato subito dopo.

Posizionando nuove abitudini nel flusso della tua routine esistente, crei una transizione senza soluzione di continuità.

Passo 3: Stabilisci una Routine Mattutina Efficace

Successivamente, creiamo quella critica routine mattutina che può impostare un tono positivo per l'intera giornata. Ecco una sequenza suggerita:

- **Svegliati e idratati** – Bevi un bicchiere d'acqua (il modo perfetto per svegliare il tuo corpo).
- **Allunga o fai esercizio** – Fai uno stretching veloce di 10 minuti o corri sul posto (sveglia quei muscoli!).
- **Meditazione** – Dedica 5 minuti alla consapevolezza o alla respirazione profonda.
- **Pianifica la tua giornata** – Dedica altri 5 minuti a delineare le tue prime 3 priorità.

Alcuni potrebbero preferire iniziare con la meditazione mentre altri potrebbero avere bisogno di quel mattino di stretching prima. Personalizzalo per adattarlo al tuo umore!

Passo 4: Progetta una Routine Serale di Spegimento

Man mano che la giornata volge al termine, anche tu dovresti farlo. Ecco come creare quella chiusura perfetta:

- **Digital Detox** – Spegni gli schermi almeno un'ora prima di andare a letto.
- **Rifletti** – Dedica qualche minuto a scrivere in un diario (cosa è andata bene? Cosa puoi migliorare?).
- **Preparati per il giorno successivo** – Prepara i tuoi vestiti, fai una lista delle cose da fare.

- **Lettura o Relax** – Leggi un libro o fai un po' di yoga leggero.

Un esempio potrebbe essere bere una tisana mentre scrivi nel diario o leggere per 20 minuti prima di spegnere la luce.

Passo 5: Incorpora l'Esercizio e la Meditazione nella Tua Routine

La costanza è fondamentale. Cerca di inserire esercizio e meditazione senza stress nella tua giornata. Ecco un'idea per farlo funzionare:

- **Mattina** - Pochi minuti di meditazione prima di fare qualsiasi cosa.
- **Pomeriggio** - Breve passeggiata durante la pausa pranzo (rompi la monotonia del lavoro).
- **Sera** - Stretching leggero o una sessione di yoga rilassante.

Anche in questo caso l'accatastamento delle abitudini può aiutare, come meditare appena ti svegli o subito dopo la passeggiata a pranzo.

Passo 6: Crea un Piano Nutrizionale per Prestazioni Ottimali

Le buone abitudini iniziano dall'interno. Pianifica pasti che nutrano e diano energia. Progetta un piano pasti settimanale semplice ma pratico. Per esempio:

- **Colazione** - Fiocchi d'avena con frutta e noci o un'omelette di verdure.
- **Pranzo** - Insalata mista con pollo alla griglia o una ciotola di quinoa.
- **Cena** - Salmone al forno con verdure al vapore o una zuppa di verdure saporita.

Uno spuntino sano potrebbero essere noci o una mela, che tengono a bada la fame di metà giornata senza riempire di calorie vuote.

Passo 7: Dà Priorità al Sonno come Forma di Costruzione della Forza di Volontà

Il sonno, quel eroe misconosciuto nella terra della forza di volontà. Cerca di stabilire un programma sonno che garantisca 7-9 ore di riposo.

- **Orario Costante per Andare a Letto/Svegliarsi** – Sì, anche nei fine settimana.
- **Ambiente Induttore del Sonno** – Luci soffuse, biancheria da letto comoda, temperatura fresca in camera.
- **Limita gli Stimolanti** – Evita caffeina o pasti pesanti tardi sera.

Come esempio, imposta una sveglia per la modalità di relax invece di svegliarti; potrebbe spingerti a iniziare la tua routine serale, assicurandoti di avvicinarti al mondo dei sogni in tempo.

Passo dopo passo, intrecciando queste pratiche nella tua vita quotidiana, puoi creare una fortezza di abitudini positive che supportano i tuoi obiettivi. Qui ciò che conta sono sforzi costanti e regolari. Buona costruzione di abitududini!

Capitolo 6: Superare gli Errori Comuni

"Il successo consiste nel passare da un fallimento all'altro senza perdere l'entusiasmo."

Ti sei mai sentito come se stessi costantemente combattendo una battaglia persa contro la procrastinazione o inseguendo speranze false? Questo capitolo esplora proprio quei conflitti che tutti affrontiamo. **Superare gli Errori Comuni** - quelle parole non ti fanno tirare un sospiro di sollievo? Se ti sei mai chiesto perché i compiti si trascinano sempre all'ultimo minuto o perché il cambiamento ti rende inquieto, non sei solo (ci siamo passati tutti).

Comprendere alcuni principi subdoli come la Legge di Parkinson e il **Sindrome della Speranza Falsa** può far luce sul motivo per cui continui a sbattere contro lo stesso muro. Scommetto che la procrastinazione non ti è estranea... la affronteremo di petto. Poi ci sono quelle fastidiose aspettative irrealistiche, che ti rodono, ti predispongono alle delusioni. E non fingiamo che il disagio e il cambiamento non siano, beh, scomodi!

E se sapessi che basta **spingere un po' di più** potrebbe fare la differenza? Entra in gioco la "Regola del 40%" - un'idea che ti spingerà a superare quei limiti (senza sentirti come se stessi cedendo).

Alla fine di questo capitolo, sarai armato di tattiche per gestire il tuo tempo, moderare le tue aspettative e vedere il disagio come un gradino verso il successo. Pronto a conquistare quei ostacoli? Tuffiamoci e padroneggiamo questi errori!

Comprendere la Legge di Parkinson e la Sindrome della Falsa Speranza

La Legge di Parkinson... parliamo di come il lavoro tenda ad espandersi per riempire il tempo che gli hai dato. Hai mai notato che quando hai un'intera giornata per finire un compito, ci vuole comunque l'intera giornata? È come magia, se la procrastinazione fosse un superpotere. Questa non è solo un'osservazione stravagante; è effettivamente un concetto riconosciuto. Significa fondamentalmente che se imposti una scadenza più lunga per un lavoro, anche se facile... utilizzerai in qualche modo tutto quel tempo (probabilmente perché tutto il resto sembra più last-minute). Mantenere le scadenze molto strette può aiutare a evitare questa trappola - concediti solo il tempo sufficiente per il compito senza aggiungere più del necessario.

Poi c'è la Sindrome della Falsa Speranza. Si tratta di fissare obiettivi eccessivamente ambiziosi. Sai, quei grandi piani come "Imparerò tre nuove lingue quest'anno" o "Perderò 50 chili entro l'estate." Ti suona familiare? Le nostre speranze ci spingono a porre il traguardo troppo in alto. È sempre buono puntare a cose grandi, ma se punti sempre troppo in alto, le delusioni si accumulano e il morale cala. Hai mai iniziato con grandi progetti solo per trovarli troppo spaventosi e rinunciare completamente? Sì, è la Sindrome della Falsa Speranza al lavoro. La chiave qui - ed è davvero importante - è impostare obiettivi realistici e fattibili. Chi non vuole raggiungere cose straordinarie? Ma rimaniamo con i piedi per terra per farlo accadere.

Quindi... come gestiamo entrambe queste situazioni delicate? **La pianificazione realistica** è la tua migliore amica qui. Assicurati di impostare scadenze raggiungibili, dare a ciascun compito una sana dose di urgenza ma senza panico non necessario.

Bene, ecco un modo semplice per evitare questi tranelli:

- **Definisci Obiettivi Chiari**

  Sii specifico. Invece di dire "Voglio mettermi in forma", punta a "Voglio fare 30 minuti di esercizio, cinque volte a settimana". Questa chiarezza stabilisce un obiettivo pratico.

- **Dividi in Passaggi**

  Suddividi in passaggi più piccoli. Piccoli pezzi rendono i compiti grandi sembrare gestibili. È la differenza tra "Scriverò un libro" e "Scriverò per 20 minuti ogni giorno".

- **Imposta Scadenze Realistiche**

  Se hai bisogno di riordinare la casa, iniziare con una stanza ogni fine settimana potrebbe funzionare molto meglio rispetto a cercare di farlo tutto in una volta.

- **Monitora e Adatta**

  Man mano che procedi, segna i tuoi progressi. Se scopri che le cose richiedono più tempo, adatta la tempistica - ma non prolungarla all'infinito. Regolazioni rapide possono aiutarti a rimanere in carreggiata.

Ecco un esempio pratico: se stai cercando di migliorare le tue competenze in qualcosa di nuovo, ad esempio la pittura, non pianificare una mostra tra sei mesi senza esperienza. Comincia in piccolo. Pianifica di completare un dipinto al mese invece. Progressa gradualmente, evolvendo le tue capacità e riducendo la pressione travolgente che altrimenti può portare, non sorprendentemente, a delusioni... e spesso all'abbandono.

Ad esempio,

"Potresti non mai raggiungere qualcosa se pensi che, semplicemente fissando un obiettivo alto, sarai automaticamente in grado di raggiungerlo facilmente."

Questi ostacoli nascosti come la procrastinazione e le speranze eccessivamente ambiziose non ti scalfiranno, onestamente, una volta che ti concentri su quell'approccio bilanciato. Si tratta di mescolare quei successi rapidi per levigare i tuoi trionfi più grandi.

Per riassumere (ben fatto fino a qui), usa la definizione chiara degli obiettivi, le tempistiche realistiche e monitora da vicino i tuoi progressi. Non solo ti salverà dall'essere sovraccarico, ma ti manterrà anche motivato. Piuttosto semplice ma di grande impatto, utilizzare saggiamente la Legge di Parkinson e evitare la Sindrome della Falsa Speranza può fare la differenza nel mondo!

Chi è pronto a iniziare a pianificare con un po' più di saggezza e molto meno stress?

Strategie per Combattere la Procrastinazione

Va bene, entriamo subito nel vivo. La procrastinazione - ci prende tutti. Siamo stati tutti lì, fissando un compito apparentemente gigantesco che sembra così opprimente. Ma aspetta, e se potessi smontare quel compito mostruoso pezzo per pezzo? Suddividere i compiti in passaggi più piccoli è esattamente come puoi far accadere ciò. È come trasformare una montagna in una serie di piccole colline.

Passo 1: Suddividi i compiti in passaggi più piccoli. Inizia tracciando il compito complessivo e poi dividilo in compiti più piccoli e più fattibili. Diciamo che devi scrivere un report. Invece di "Scrivere un report" che incombe su di te, trasformalo in "Bozza dell'outline", "Scrivere l'introduzione" e "Ricerca delle fonti".

Facendo un elenco di compiti più piccoli, non ti sentirai sopraffatto. Inoltre, ogni piccolo successo genera slancio per il successivo.

Hai suddiviso i compiti in pezzi di dimensioni ridotte, ma come rimanere concentrato su ognuno di essi? Entra in **Passo 2: Usa la Tecnica Pomodoro** per il lavoro concentrato. Questa tecnica è piuttosto semplice: lavori per 25 minuti di fila, poi fai una pausa di 5 minuti. Questo scoppio di lavoro concentrato, seguito da una pausa, ti aiuta a mantenere alti livelli di produttività senza bruciarti. Scopro che prima che me ne accorga, quei 25 minuti sono volati e ho fatto progressi significativi.

"Ma su cosa dovrei lavorare durante quei 25 minuti?" potresti chiederti. È qui che entra in gioco **Passo 3: Priorizza i compiti usando la Matrice di Eisenhower**. La Matrice di Eisenhower ti aiuta a capire cosa deve essere fatto per primo. È una semplice casella divisa in quattro sezioni:

- **Urgente ed importante** (Fai questo per primo, ovvio)
- **Importante ma non urgente** (Pianifica questo per dopo)
- **Urgente ma non importante** (Pensa a delegarlo)
- **Né urgente né importante** (Perché preoccuparsene proprio ora?)

Classificando i tuoi compiti in questo modo, avrai un piano di gioco chiaro per i tuoi Pomodori.

"La procrastinazione è ladra di tempo" - in effetti, e pianificare il tuo lavoro invece di spingerlo in secondo piano può reclamare quel tempo perduto.

Immagina la sensazione di chiarezza quando puoi vedere in un colpo d'occhio ciò che merita veramente la tua attenzione!

Unendo questi passaggi, **suddividere i compiti**, scoppio di lavoro concentrato e corretta prioritizzazione ti permette di costruire un flusso di lavoro che minimizza le distrazioni e massimizza la produttività. Il vero trucco è la costanza. Puoi usare queste tecniche una volta e avere una grande giornata, ma usarle costantemente può significare avere molti giorni più produttivi.

Per rendere tutto extra personale, hai di recente lavorato su qualcosa che era in ritardo da tempo? Inizia con il "Report critico" in mano - lo smembramento potrebbe apparire così:

- Creare un outline in 25 minuti
- Cercare riferimenti entro un altro blocco di 25 minuti
- Scrivere la bozza iniziale nel primo Pomodoro di domani

Vedi più chiaro ora? Un piccolo sforzo nel suddividere e prioritizzare il tuo lavoro con sprint diligenti e concentrati ti aiuta a fare molto di più - la procrastinazione non ha possibilità! Continua così, e i frutti del tuo lavoro disciplinato ti saranno utili.

Gestione delle Aspettative Unrealistiche

Impostare aspettative realistiche è davvero importante. Un modo per gestire questo è impostare obiettivi SMART. SMART sta per **Specifici, Misurabili, Realizzabili, Rilevanti,** e **Temporizzati.** È un approccio diretto.

Ad esempio, diciamo che vuoi migliorare nella gestione del tempo. Invece di fare una promessa vaga di essere "migliore", decidi qualcosa del tipo, "Dedicherò 2 ore al giorno a compiti produttivi dalle 9:00 alle 11:00 per un mese." Questo obiettivo è:

- **Specifico**: Si concentra su un chiaro ambito della gestione del tempo tra le 9:00 e le 11:00.
- **Misurabile**: Hai 2 ore da misurare ogni giorno.

- **Realizzabile**: È realistico considerando la tua routine quotidiana.
- **Rilevante**: Si allinea direttamente al tuo desiderio di migliorare con il tempo.
- **Temporizzato**: Questo obiettivo ha un limite di un mese.

Rivedere e adattare regolarmente i tuoi obiettivi è altrettanto essenziale. Gli sforzi non vanno sempre come previsto. Magari dopo due settimane, ti rendi conto che le mattine semplicemente non funzionano per te. Nessun problema nell'adattarsi! Passa a un periodo diverso, permettendoti di essere flessibile e accomodante alle nuove scoperte. Questi adattamenti sono necessari e non significano arrendersi. Invece, significano crescita e apprendimento.

La compassione verso se stessi gioca un ruolo cruciale qui. Quando manchi un obiettivo o non riesci a realizzare i tuoi piani, non essere troppo duro con te stesso... siamo tutti umani e gli ostacoli fanno parte del processo. Mostrati la stessa gentilezza che offriresti a un amico in una situazione simile. Questo atteggiamento aiuta a ridurre lo stress legato alle aspettative irrealistiche.

La pazienza è strettamente legata alla compassione verso se stessi. Evita di aspettarti risultati immediati. Sviluppare nuove abitudini o competenze è come piantare un seme; ci vuole tempo per vedere i frutti. Quindi, quando il tuo progresso sembra lento, ricorda che ogni piccolo passo conta verso il tuo obiettivo finale. **"La pazienza non è semplicemente la capacità di aspettare - è come ci comportiamo mentre aspettiamo."** Questa affermazione risuona straordinariamente bene con il raggiungimento degli obiettivi.

Sviluppare l'autodisciplina non significa che devi essere perfetto tutto il tempo. L'aspettativa di perfezione può paralizzare il progresso. Capisci che deviare occasionalmente dal piano è del tutto normale. Prendersi pause o cambiare approccio non significa che l'obiettivo non sia più realizzabile. Purché tu sia sulla strada giusta, le piccole deviazioni non rovineranno il viaggio.

Rifletti sulle piccole vittorie. Sei riuscito a gestire il tuo periodo dalle 9:00 alle 11:00 senza problemi forse una o due volte questa settimana? Celebra quei piccoli successi! Rappresentano il progresso. Il rinforzo positivo incoraggia lo sforzo continuato.

Se il percorso diventa travolgente (e a volte lo diventa), guarda gli elementi che contribuiscono a tale sensazione. Hai bisogno di abbassare temporaneamente l'asticella o suddividere l'obiettivo in parti ancora più piccole? Apportare modifiche non è un fallimento. È una parte naturale del completamento di un piano a lungo termine.

Un consiglio pratico è annotare le riflessioni alla fine di ogni settimana. Questa abitudine ti aiuta a capire cosa funziona e cosa no. È un modo per conversare con te stesso... per connetterti con i tuoi pensieri ed emozioni più profondi riguardo al processo. Di nuovo, pratica l'onestà ma accetta prontamente la tua umanità nelle riflessioni.

Infine, la **fiducia decisa** non dovrebbe diminuire perché a volte non raggiungi i tuoi obiettivi. Se le aspettative hanno preso il posto della realtà in modi imprevisti, semplicemente riformula i tuoi obiettivi SMART, rivedili regolarmente, sii gentile con te stesso, permetti alla pazienza di emergere naturalmente, apprezza le piccole vittorie e rifletti continuamente. Come spesso accade, l'extra mile è dove si trova il tesoro. Adattare e rimescolare le aspettative per far fronte al flusso effettivo degli eventi non è solo intelligente, è fondamentale.

Affrontare il Disagio e il Cambiamento

Quindi, ti trovi di fronte al **disagio** e al **cambiamento**—è abbastanza comune, vero? La maggior parte di noi lo trova difficile, ma e se considerassimo il disagio non come un fastidio, ma come un'opportunità di **crescita**? Quando sei fuori dalla tua **zona di comfort**, stai crescendo—pensa semplicemente a uno stretching.

Proprio come fai uno stretching dei muscoli durante l'esercizio, come quando vuoi aumentare la forza, stai allargando i tuoi limiti mentali quando affronti il disagio.

Hai mai provato la **consapevolezza**? È un modo fantastico per affrontare quei momenti scomodi. Forse hai già sentito parlare della consapevolezza—seduto in silenzio, concentrato sul respiro. Aiuta, credimi. Anche brevi momenti di consapevolezza, come prestare attenzione all'ambiente circostante o al respiro per un minuto o due, possono fare una grande differenza. Quando ti senti sopraffatto, rallenta e sii presente con i tuoi pensieri e sentimenti. Non risolve tutto, ma rende il momento più gestibile.

Creare un ambiente di supporto è un'altra parte fondamentale nell'affrontare il disagio e accettare il cambiamento. Hai mai notato quanto sia più facile affrontare le cose quando le persone intorno a te capiscono cosa sta succedendo con te? **Le persone** che sanno che stai cercando di apportare cambiamenti possono essere davvero utili. Possono incoraggiarti, darti consigli, o semplicemente essere lì per ascoltarti. Potresti dover spiegare cosa stai facendo e perché— rimarresti sorpreso da quanto spesso le persone sono desiderose di aiutare una volta che capiscono.

"A volte, i cambiamenti che stiamo apportando dentro di noi potrebbero non essere visibili a tutti all'esterno—eppure è lì che la magia vera accade."

Quindi, ecco un approccio pratico per far funzionare queste idee:

- **Riconosci il Disagio come Crescita**

Ogni volta che ti senti a disagio, ricordati che questo è un segno di crescita. La crescita di solito non è comoda, ma è così gratificante. Cambiando prospettiva, inizi ad apprezzare questi momenti difficili per ciò che realmente sono. È come allenare un muscolo che non sapevi di avere.

- **Pratica la Consapevolezza**

Fai dell'esercizio della consapevolezza un'abitudine quotidiana. Trova momenti per semplicemente respirare e essere presenti, come durante la tua routine mattutina (la meditazione aiuta). Inizia con piccoli passi, magari uno o due minuti, poi gradualmente passa a sessioni più lunghe. Si tratta di essere consapevoli dei tuoi pensieri senza giudicarli, non di liberartene.

- **Costruisci il Tuo Sistema di Supporto**

Parla con i tuoi amici e la tua famiglia dei tuoi obiettivi e dei cambiamenti che stai apportando. Chiedi il loro supporto, e non esitare a spiegare di cosa hai bisogno. Forse trovi un compagno di responsabilità che ti tiene d'occhio—o unisciti a un gruppo dove le persone hanno obiettivi simili. Questo rende il viaggio meno isolato e più connesso.

- **Crea un Ambiente Positivo**

Circondati di cose che ti incoraggiano verso i tuoi obiettivi. Potrebbero essere citazioni ispiratrici sul muro, una playlist che ti carica, o addirittura riorganizzare il tuo spazio per riflettere i cambiamenti che stai apportando. Questi piccoli aggiustamenti creano un ambiente che ti supporta anziché ostacolarti.

- **Rimani Costante**

Continua anche quando diventa difficile. Fissati piccoli obiettivi raggiungibili. Potrebbe essere semplicemente fare una sessione di consapevolezza di cinque minuti al giorno o parlare con due amici dei tuoi nuovi obiettivi durante la settimana. La costanza è ciò che mantiene il momentum.

Il cambiamento e il disagio non devono essere spaventosi. Fanno parte del percorso verso il diventare una persona migliore. Ogni passo, ogni disagio è un segno che stai andando avanti. Non è confortante sapere che non sei solo in questo? Stai crescendo, allargandoti e diventando più forte, poco alla volta.

La regola del "40%" per superare i limiti

Potresti aver sentito dire che quando il tuo corpo ti dice di fermarti, sei solo al 40% di ciò di cui sei veramente capace. Suona selvaggio, vero? Ma c'è una buona notizia qui—questo significa che sei molto più forte di quanto pensi di essere. Tendiamo a premere sul freno prematuramente... credendo di aver raggiunto il nostro limite quando, in realtà, c'è ancora molto più carburante nel serbatoio. Qui entra in gioco **la resistenza mentale**—ci spinge oltre quei limiti percepiti, spingendoci a scavare più in profondità e a continuare.

È cruciale sapere che questo non riguarda solo le capacità fisiche. La regola del 40% si applica alle nostre sfide quotidiane—sia che si tratti di quel noioso rapporto sul tuo tavolo o di mantenere la concentrazione durante una sessione di studio estenuante. Il cervello ama utilizzare piccoli "trucchi" per conservare energia e garantire la sopravvivenza... ma non sei in alcun pericolo imminente mentre fissi un foglio di calcolo! Una volta capito che questa precoce stanchezza è un'illusione mentale, puoi superarla.

Un progresso lento e incrementale è il tuo miglior alleato in questo. Andare troppo forte, troppo veloce, è un modo sicuro per bruciarsi. Invece, pensaci in piccoli passi gestibili:

- **Stabilisci obiettivi minimi**

  Fissa obiettivi più piccoli all'interno della tua sfida principale. Se stai correndo, anziché una tratta di 5 miglia, punta a checkpoint incrementali—come il prossimo lampione o i prossimi due isolati. Colpire con successo questi obiettivi minimi costruisce fiducia e rende l'obiettivo più ampio sembrare meno opprimente.

- **Segnali visivi e affermazioni**

  Semplici affermazioni possono fare miracoli quando quella stanchezza mentale inizia a farsi sentire. Frasi rapide come "Sono al 40%, solo un po' di più," possono distogliere la tua mente dal mollare presto. Usa note e promemoria intorno al tuo spazio di lavoro o addirittura sui tuoi vestiti da palestra. I segnali visivi ti ricordano le tue vere capacità.

- **Tecniche di rilassamento**

  Fermarti per prendere respiri profondi, ripeterti costantemente "Posso farcela," mentre rilassi i tuoi muscoli, potrebbe sembrare una cosa minore, ma nel tempo rafforza la tua determinazione mentale. Mantieni questo mantra anche quando ti senti sconfitto.

Ecco un'idea che potrebbe aiutare:

"Superare i tuoi limiti non si tratta di salti giganteschi all'ultimo minuto... si tratta di fare un altro piccolo passo quando la tua mente ti urla di fermarti."

Successivamente, smentiamo un mito comune sul progresso—non deve essere necessariamente drammatico o virale. Fare **progressi lenti e sostenibili** è la chiave. Sicuramente potresti avere effetti esplosivi occasionalmente ma puntare a superare costantemente le aspettative prepara il terreno per una vera esaurimento. Ecco cosa fare invece:

- **Avere punti di controllo regolari:** Alla fine di ogni settimana, valuta quanto sei arrivato. Hai superato quel limite del 40% anche solo un po'? Anche i piccoli incrementi contano!

- **Ascolta il tuo corpo—ma non troppo.** Sembra contraddittorio, vero? Prendi nota, ma rifletti obiettivamente—è questa una stanchezza genuina o è solo la regola del 40% in azione?
- **Celebra i micro successi.** Senza esagerare, riconosci anche i successi più piccoli. Il rinforzo positivo va lontano nel trarre in inganno il tuo cervello a fidarsi di più.

Il percorso per padroneggiare questa regola è un mix di superare i limiti e essere gentili con te stesso. L'obiettivo non è conquistare tutto in un colpo solo, ma fare progressi costanti allungando quei confini poco alla volta... Sapendo che sei più forte e più capace con ogni piccolo passo che fai. Non è un pensiero confortante e potente?

Mettiamoci Pratici!

Va bene, lettori! State procedendo spediti attraverso il meraviglioso libro "Il Potere della Positiva Autodisciplina", e eccoci al Capitolo 6, pronti a rimboccarci le maniche e affrontare le trappole comuni. Applicheremo tutto ciò che abbiamo imparato sulla procrastinazione, sul superare il disagio, sul gestire aspettative irrealistiche e sull'utilizzo della "Regola del 40%" per quell'ulteriore spinta. Quindi, mettiamoci all'opera!

Passo 1: Comprendere e Applicare la Legge di Parkinson

Questo passo riguarda l'applicare la Legge di Parkinson a tuo vantaggio. L'idea è semplice: il lavoro si espande per riempire il tempo disponibile per il completamento. Quindi, sì, quella scadenza che hai? Accorciala.

Cosa fare: Impostati una scadenza più stretta e urgente per un compito che hai rimandato. Ad esempio, se hai un rapporto da consegnare in una settimana, datti una scadenza di tre giorni.

Esempio: Se di solito impieghi tutto il weekend per pulire casa, impostati una sveglia e cerca di finire in due ore. Sarai sorpreso di quanto più veloce va quando il tempo stringe!

Passo 2: Gestire le Aspettative

Le aspettative possono essere un grosso problema—e di solito non in senso positivo. Aspettative irrealistiche su ciò che puoi fare ti porteranno solo giù.

Cosa pensare/dire: Fai un bilancio dei tuoi obiettivi—sono realistici rispetto al tempo disponibile? Chiediti, "Posso davvero realizzare questo dato le risorse attuali?" Agisci di conseguenza.

Esempio: Invece di aspettarti di diventare un esperto di francese in un mese, poni l'obiettivo realistico di imparare frasi di conversazione di base in tre mesi. Otterrai di più e ti sentirai meglio!

Passo 3: Combattere il Falso Sindrome delle Speranze

Il Falso Sindrome delle Speranze si fa strada quando le aspettative sono troppo alte—parliamo di predisporre te stesso per una delusione.

Cosa pensare: Ricordati che il cambiamento duraturo richiede tempo. Evita pensieri del tipo, "Perderò 15 kg in un mese!" (La tua bilancia e la tua sanità ti ringrazieranno.)

Esempio: Se il tuo obiettivo è metterti in forma, inizia con obiettivi raggiungibili, come andare in palestra tre volte alla settimana anziché tutti i giorni. Piccoli passi costanti si accumulano nel tempo.

Passo 4: Strategie per Battere la Procrastinazione

Questo potrebbe essere l'elefante nella stanza per molti di noi. Affrontare i compiti direttamente quando non ne abbiamo proprio voglia è una abilità che va affinata.

Cosa fare: Suddividi i compiti in pezzi più piccoli e affrontali uno alla volta.

Esempio: Se devi scrivere un saggio, non pensare a tutto il saggio. Dì semplicemente a te stesso, "Scriverò l'introduzione proprio adesso." Una volta iniziato, il resto sembrerà meno intimidatorio.

Passo 5: Affrontare il Disagio e il Cambiamento

Il Cambiamento non è mai facile, e ammettiamolo, il disagio è... beh, scomodo. Ma la crescita avviene al di fuori della zona di comfort.

Cosa fare: Introduci gradualmente cambiamenti e cerca di affrontare quel disagio anziché scappare da esso.

Esempio: Se punti a uno stile di vita più sano, non eliminare tutti gli snack il primo giorno. Inizia invece sostituendo uno snack zuccherino con un pezzo di frutta e poi procedi da lì.

Passo 6: Applicare la "Regola del 40%"

La "Regola del 40%" sostanzialmente dice che quando pensi di aver raggiunto il tuo limite, sei effettivamente solo al 40% della tua vera capacità.

Cosa fare: Quando senti di voler mollare un compito, dì a te stesso che puoi gestirne ancora un po'. Pensa alle sfide passate in cui hai superato te stesso e ti sei sorpreso.

Esempio: Se stai correndo e senti di non poter più andare avanti, sforzati di correre per altri due minuti. Spesso, scoprirai che puoi superare ciò che inizialmente pensavi impossibile.

Ed eccolo qui—un approccio pratico e con le mani in pasta per integrare le lezioni del Capitolo 6 nella tua vita. Passo dopo passo, puoi superare le trappole comuni con la giusta mentalità e le tecniche adeguate. Prova questi passaggi e, cosa importante, sii gentile con te stesso lungo il percorso!

Parte 3: Praticare una Disciplina Positiva

Capitolo 7: Padronanza della Gestione del Tempo

"Il tempo è ciò che desideriamo di più, ma che utilizziamo peggio."

-- Quindi, parliamo di **gestione del tempo**. Ti sei mai ritrovato a correre alla fine della giornata, chiedendoti dove siano finite tutte le ore? Tutti noi abbiamo compiti che si accumulano all'infinito, vero? Questo capitolo è la tua ancora di salvezza per riconquistare il controllo del tuo programma.

Affronteremo tecniche che trasformano il modo in cui vedi—e usi—il tuo tempo. La **Tecnica Pomodoro** promette blocchi di lavoro concentrato, mentre il **Blocco del Tempo** ti aiuta a massimizzare la produttività. La **Matrice di Eisenhower**? Una lezione magistrale sulla prioritizzazione. La **Regola dei Due Minuti**—un modo rapido per sbrigare compiti piccoli—oltre al "**Lavoro Profondo**" per quei momenti in cui l'efficienza è non negoziabile.

Ti sei mai sentito sopraffatto e sepolto sotto una montagna di compiti? Non sei solo. Esploreremo strategie che affrontano lo stress direttamente e **aumentano l'efficienza**. Immagina di raggiungere di più senza allungare le ore di lavoro. Raggiungere questo obiettivo non è razzo scienza, sono solo strategie intelligenti che si adattano al tuo stile di vita.

Leggendo questo capitolo ti doterai di strumenti tangibili—alla fine, ti chiederai come hai fatto a cavartela senza di essi. Abbandona il caos e accogli un mondo in cui il tempo è tuo alleato. Pronto per un cambiamento? Comincia ora... e iniziamo!

Tecnica del Pomodoro per un Lavoro Concentrato

Immagina di impostare brevi blocchi di tempo gestibili per completare i tuoi compiti. Questo è il cuore della Tecnica del Pomodoro: lavorare in **intervalli di 25 minuti** con **pause di 5 minuti**, dando al tuo cervello l'opportunità di rinfrescarsi regolarmente. Spesso lottiamo con il multitasking e affrontiamo il burnout. Ma se potessimo trasformare il rimanere concentrati in un gioco piacevole?

Passo: Prendi un Timer

Avrai bisogno di un timer. Potrebbe essere un semplice timer da cucina o un'app sul tuo telefono. Questo passaggio è cruciale. Devi avere un modo tangibile per tracciare i tuoi periodi di focus di 25 minuti. Quando il timer parte, sei pronto per immergerti nel tuo compito.

Passo: Imposta il Timer da 25 Minuti

Pensa a un compito specifico e imposta il timer per 25 minuti. Perché non affrontare quel rapporto che è lì sulla tua scrivania o organizzare le tue email? Durante questi 25 minuti, concentrarsi sul lavoro non è solo ideale, è necessario. Non permettere distrazioni e concentrati come un raggio laser.

Passo: Lavora Fino a Quando Suona il Timer

Mentre lavori, potresti notare che rimanere impegnato non è così difficile. Dopotutto, stai dedicando del tempo solido e ininterrotto. Una email sconosciuta o un telefono che vibra non rovinerà il tuo flusso. È incredibile quanto puoi fare quando niente interrompe il tuo ritmo!

Passo: Prendi una Pausa di 5 Minuti

Ecco la breve vacanza che hai promesso al tuo cervello! Alzati e allungati, prendi un po' d'acqua o guarda fuori dalla finestra. Ti sei guadagnato questo momento di relax, non c'è bisogno di sentirsi in colpa. L'obiettivo è far respirare un po' la tua mente.

Passo: Ripeti i Passi da 1 a 4

Rimanere in carreggiata significa fare diversi Pomodori di seguito. Tuttavia, dopo quattro set, vorrai una pausa più lunga - circa 15-30 minuti. È gratificante sapere che i regolari "reset" aiutano a mantenere la tua energia durante tutta la giornata.

"Questa struttura non solo migliora la concentrazione ma riduce anche i sintomi del burnout."

L'impegno conta. Impegnarti in questo ciclo ti permette di mantenere livelli di produttività elevati. Inoltre, il ticchettio dell'orologio serve come un ottimo promemoria per mantenere uno sforzo costante nel completare il tuo lavoro, sapendo che una pausa è sempre vicina.

Passare alla Pratica

Cosa succede se per qualsiasi motivo salto un Pomodoro? Semplice; riassegnati e continua... Non stressarti per aver perso x minuti - imposta semplicemente il tuo timer su altri 25 e riparti. La vita è piena di piccoli intoppi, e si tratta più di costanza che di regole rigide.

Applicazione Ovunque

Dai compiti scolastici ai doveri sul posto di lavoro, implementare questo metodo può cambiare radicalmente il modo di pensare. Il compito di Matematica non sembra meno spaventoso quando diviso in pezzi gestibili? Allo stesso modo, lavorare a quell'articolo sembra meno imponente sapendo che le pause assicurano che non stai fissando lo schermo troppo a lungo di fila.

Perché il Pomodoro Previen il Burnout

Spezzando il lavoro in periodi brevi, crei confini chiari, riducendo la fatica mentale. Non stai attraversando ore infinite di compiti, sentendoti totalmente esausto quando arriva la sera. La costanza diventa divertente quando è accompagnata da esplosioni di sforzo ricompensato.

È incredibilmente motivante - ogni timer, una piccola promessa di qualcosa fatto e qualcosa che ti ridai: uno stiramento veloce delle gambe o uno spazio pulito a cui poterti ritornare. Forse è un'abitudine degna di essere coltivata... tra i caotici impegni della vita, questi piccoli accorgimenti promettono un focus mantenuto e uno spirito rinvigorito.

Prova questo. Dai un'occhiata per alcuni giorni; vedi se questo metodo diventa il tuo affidabile approccio per gestire le sfide quotidiane. Spesso si tratta di trovare piccole strategie che si integrano senza sforzo nella tua routine, apportando una differenza apprezzabile nel tempo. Concentrati e premiati lungo il cammino!

Blocco del tempo per massimizzare la produttività

Assegnare specifici slot di tempo per i compiti è trasformativo, intendo, realmente fa muovere le cose. Si tratta di stabilire dei limiti nel tuo programma, assicurandoti che ogni compito o attività abbia un inizio e una fine definiti. Immagina di avere una presentazione di lavoro in arrivo. Potresti assegnare le 9-11 del mattino per la ricerca, le 11 del mattino-1 del pomeriggio per la stesura, e le 2-4 del pomeriggio per il perfezionamento delle diapositive. Fondamentalmente, stai dedicando del tempo specifico per concentrarti su un compito alla volta. Mantieni la tua mente concentrata, capisci?

La vita può essere un turbine... notifiche dei social media, email, persino quelle pause snack molto allettanti possono interrompere il tuo flusso. Ecco perché è così utile pianificare sistematicamente le pause. Quando pianifichi una pausa di 10 minuti ogni ora, ti dà qualcosa a cui guardare avanti mentre tiene lontane le distrazioni. Quando quelle pause fisse diventano parte della tua routine, nemmeno Twitter e Facebook possono attirarti fuori strada. Inoltre, il tuo cervello riceve mini-reset, rendendoti più facile rimanere produttivo.

E parliamo di equilibrio. Passare ore legato alla tua scrivania non è sano né divertente. È fondamentale bilanciare il tempo di lavoro e personale, affinché la tua mente non si senta eccessivamente tassata. Se blocchi le 13-15 per un lavoro intenso, non esitare a pianificare del tempo per una passeggiata o un hobby dalle 15 alle 16. Non è una perdita di tempo; è garantire di essere al meglio sia professionalmente che personalmente. Non sottovalutare mai come prendersi una pausa possa effettivamente "ricaricare" i tuoi circuiti mentali.

Ok, passiamo a uno scenario pratico. Diciamo che sei un ingegnere. Stai lavorando su un grande progetto che ha molteplici sfaccettature - analisi, programmazione, test. Ecco come puoi organizzare la tua settimana:

- **Blocco del mattino:** Analisi e pianificazione, senza interruzioni. Questo tempo è tuo, niente riunioni, niente chiamate.
- **Mattina inoltrata:** Revisione dei progressi con i colleghi, ottenere feedback. Tempo collaborativo.
- **Blocco del pomeriggio:** Concentrati, tempo di codifica. Lavoro profondo senza distrazioni.
- **Pomeriggio inoltrato:** Tempo informale per concludere, piccoli compiti o relax.

Identifica le Priorità

Innanzitutto, cosa ha davvero bisogno della tua attenzione oggi? Scrivilo. I compiti con scadenze dovrebbero essere annotati come priorità di alto livello - quelli hanno la precedenza, naturalmente. "Cosa devo realizzare entro la fine della giornata?"

Assegna Blocchi di Tempo

In base a quelle priorità, imposta slot di tempo dedicati. Se scrivere un report dovrebbe richiedere 2 ore, mettilo nel tuo calendario dalle, diciamo, 10 del mattino a mezzogiorno. Usa un planner fisico, se ti piace quella sensazione tattile, o un'app che ti permette di bloccare il tempo nel tuo calendario digitale.

Pianifica le Pause

Non saltare questo passaggio. Usa le pause come traguardi nella tua giornata. Queste possono essere pause di 5 minuti ogni ora o una pausa pranzo più lunga a metà giornata. Fidati di me, fa la differenza.

Equilibrio e Flessibilità

Le cose potrebbero non sempre andare come pianificato... e va bene. Concediti spazio di manovra con periodi tampone tra i compiti principali. Se qualcosa si prolunga, non sei subito indietro.

La produttività, in realtà, colora una vita migliore per tutti noi. Non si tratta sempre solo di completare i compiti, **si tratta anche di sentirsi realizzati quando il lavoro è fatto.**

"Il tuo tempo è come l'acqua: prenderà la forma del contenitore in cui lo versi."

Metti in pratica questi principi e amerai vedere i compiti spuntati senza sentirti esausto, *e* ti guadagnerai del meritato tempo personale. Piccoli aggiustamenti, grandi ritorni - questo è il blocco del tempo per te!

Matrice di Eisenhower per la Prioritizzazione

Capire come dare priorità può trasformare il modo in cui gestiamo il nostro tempo. La **Matrice di Eisenhower**, così chiamata in onore del Presidente Eisenhower, è uno strumento prezioso per questo. Suddivide i compiti in quattro quadranti:

- Urgente ed Importante
- Non Urgente ma Importante
- Urgente ma Non Importante
- Non Urgente e Non Importante

Iniziamo concentrando l'attenzione sui compiti ad alta priorità. Questi rientrano pienamente nel quadrante **Urgente ed Importante**. Sono i compiti che richiedono attenzione immediata perché influenzano direttamente i tuoi obiettivi o il tuo benessere. Ad esempio, prepararsi per una presentazione importante al lavoro per domani, o prendere i farmaci in tempo. Questi dovrebbero essere in cima alla tua lista—salvandoti dall'ansia dell'ultimo minuto.

Passando ai compiti **Non Urgenti ma Importanti**—cose come pianificare per il futuro, fare esercizio regolarmente, o coltivare un hobby. Questi compiti non gridano attenzione ora ma sono cruciali per il successo e la felicità a lungo termine. Purtroppo, poiché non sono urgenti, vengono spesso rimandati. Per affrontarli, assegna loro degli slot temporali specifici. Se devi scrivere un rapporto entro la fine del mese, dedica del tempo ogni giorno—non aspettare fino alla sera prima della scadenza.

Proseguiamo con i compiti **Urgenti ma Non Importanti**. Questi sono attività che consumano tempo e potrebbero non aggiungere molto valore alla tua vita. Pensiamo a quegli improvvisi ma a basso impatto email, messaggi o richieste minori dai colleghi. Una buona strategia qui? Delega questi compiti se puoi. Ottenere l'aiuto di qualcun altro può liberare il tuo tempo per questioni più importanti.

Infine, i compiti **Non Urgenti e Non Importanti** sono i compiti "spazzatura"—sì, probabilmente il binge-watching rientra qui. Non suscitano gioia né favoriscono il tuo progresso. Sii spietato... elimina o riduci significativamente queste attività. Invece di tuffarti in un interminabile scrolling sui social media, dedica qualche minuto in più a qualcosa che ti piace e che ha più significato.

Ecco un piano suddiviso in passaggi:

Passo 1: Elenca tutti i compiti.

Scrivi tutto ciò che devi fare. Non preoccuparti di categorizzare ancora—questo è solo un esercizio di scarico mentale.

Passo 2: Suddividili nei quadranti.

Usa le quattro categorie della Matrice di Eisenhower. Questa parte potrebbe richiedere un po' di tempo per pensarci. Compiti come pagare le bollette o finire gli incarichi vanno nel quadrante Urgente ed Importante. Imparare una nuova abilità o sviluppare una routine di allenamento rientra in Non Urgente ma Importante. Qualcuno che chiede aiuto immediato per un compito non critico potrebbe essere Urgente ma Non Importante. Infine, navigare tra i saldi online potrebbe essere Non Urgente e Non Importante.

Passo 3: Concentrati sui compiti ad alta priorità.

Sposta i compiti dal quadrante Urgente ed Importante attraverso un piano chiaro. Inseriscili nel tuo programma.

Passo 4: Programma attività importanti ma non urgenti.

Dai loro blocchi di tempo ben definiti nel tuo calendario. Riservare del tempo per queste attività eviterà che diventino emergenze.

Passo 5: Delega o diminuisci i compiti a bassa priorità.

Per qualsiasi cosa nel quadrante Urgente ma Non Importante, vedi se puoi scaricarli su qualcun altro. Automatizza i processi se possibile—rendili meno preoccupanti.

Passo 6: Elimina le distrazioni.

Sii deciso con ciò che rientra nel quadrante Non Urgente e Non Importante. Elimina completamente queste attività in alcuni giorni o riducile drasticamente. Rifletti su come trascorri quei minuti liberi.

Bilanciare i compiti potrebbe sembrare difficile, ma utilizzare la **Matrice di Eisenhower** può rivoluzionare la tua gestione del tempo. Imposta le priorità, controlla il tuo programma e raggiungi i tuoi obiettivi con meno difficoltà.

"Ciò che è importante è raramente urgente e ciò che è urgente è raramente importante."

Ecco l'essenza di mantenere il controllo sul tuo tempo e sui compiti, senza sentirti sommerso da essi. **Dai sempre priorità con giudizio e lascia andare quelle distrazioni.**

La regola dei due minuti per affrontare piccoli compiti

Se c'è una cosa che fa una grande differenza nella vita di tutti i giorni, è capire che i piccoli compiti dovrebbero essere fatti immediatamente se richiedono meno di due minuti. È semplice ma potente. Molte volte, questi piccoli compiti, come rispondere a una email, prenotare un appuntamento dal dentista o mettere via le scarpe, non richiedono molto tempo singolarmente. Ma ammettiamolo, si accumulano rapidamente. Prima che te ne accorgi, quella lista che stai affrontando è diventata un po' troppo intimidatoria.

Adottando questa regola dei due minuti, puoi ridurre la procrastinazione su questi compiti minori. Pensaci: trovarsi di fronte a una lista che ha costantemente questi compiti facili da fare in sospeso può sembrare incredibilmente opprimente. È difficile capire da dove iniziare. Ma completando i compiti appena li incontri (a patto che rientrino nella finestra dei due minuti), diventi molto più efficiente e ti senti meno oberato da loro.

Vedi, quando decidi che qualsiasi cosa sotto i due minuti viene fatta immediatamente, noterai una riduzione massiccia del tuo carico di lavoro complessivo. Hai meno compiti che ti tirano per la mente. Naturalmente, quando sei meno occupato mentalmente, puoi concentrarti meglio su compiti più complessi senza sentirti appesantito.

Quell'email nella tua casella di posta che chiede una conferma rapida? Dedica tre secondi, leggila e conferma. Getta via la spazzatura mentre passi accanto al bidone... solo pochi secondi della tua vita. Il tuo obiettivo è **mantenere la tua lista di compiti gestibile**. Nessuno vuole una lista di cose da fare chilometrica piena di elementi che avrebbero potuto essere facilmente spuntati ore, se non giorni, prima. Lascia che quei compiti semplici si facciano strada fuori dal tuo cammino nel modo più semplice possibile.

Confesserò, ci sono stati giorni in cui ho rimandato persino la chiamata per la consegna di una pizza di tutte le cose—una pizzeria nel vivavoce, ricorda?—perché sembrava troppo faticoso. Ma con la regola dei due minuti, questo non deve succedere. Componi il numero, fai l'ordine, riaggancia. Ecco, è fatto prima ancora che te ne accorga. Addio, piccolo compito. Non ti vedrò mai più!

Essendo pratici qui, **Identifica** i tuoi compiti inferiori ai due minuti non appena compaiono. Appunta quelli che noti richiedono quasi nulla di tempo. **Fallo Ora!** Non rimandarlo. **Rivedi.** Rifletti regolarmente se ci sono altri compiti da aggiungere a questa colonna dei due minuti. Nel tempo, questa pratica non richiede pensiero—diventa automatica, un'abitudine.

Ecco una citazione che enfatizza magnificamente l'azione rispetto al pensiero:

"L'unico modo per dare un senso al cambiamento è lanciarcisi dentro, muoversi con esso e unirsi alla danza."

La danza è nella sala parto! Sii audace, affronta quei brevi compiti immediatamente e frequentemente... Ogni compito completato con successo mantiene leggero il tuo carico di lavoro. La tua lista di compiti diventa più ordinata e la tua mente in pace.

Strategie semplici e attuabili, praticate regolarmente, fanno tutta la differenza. Stabilisci la routine, la regola fa il lavoro. Ti sentirai più forte e avrai maggior controllo.

Compiti anche di soli due minuti possono sembrare importanti. Schiacciali subito, evita l'ingombro mentale e goditi la libertà di affrontare aspetti più coinvolgenti della vita. Continua così e noterai il cambiamento.

Lavoro Profondo per Massima Efficienza

Il **lavoro profondo** è la salsa segreta quando vuoi fare le cose senza problemi. Devi dedicare del tempo ininterrotto al lavoro concentrato, dove puoi concentrarti su un compito senza che un milione di cose cerchino la tua attenzione. Pensaci come a scavare una bolla silenziosa nella tua giornata, un momento in cui sei solo tu e il tuo progetto.

Inizia creando uno spazio privo di distrazioni. Disattiva le notifiche sul telefono, chiudi tutte le schede del browser non necessarie e fai sapere a tutti intorno a te che sei in modalità "lavoro profondo". In questo modo, non sarai distolto da suoni o scroll sui social media.

Devi proteggere questo tempo come se fosse importante quanto un incontro con il tuo capo—perché in realtà, lo è un po'.

È anche cruciale pianificare questi periodi di lavoro profondo nella tua routine quotidiana. Non lasciare nulla al caso o "farlo quando puoi" perché poi... probabilmente non succederà. Mettilo nel tuo calendario. Forse è un'ora al mattino quando la tua mente è fresca, o un'ora dopo pranzo quando hai bisogno di una pausa dalle riunioni. La cosa fondamentale qui è essere proattivi. Devi gestire il tuo tempo, non il contrario.

- **Definisci il Tempo**

  Scegli un blocco di tempo specifico ogni giorno per il lavoro profondo. Che sia dalle 9 alle 11 del mattino o dalle 14 alle 16, la costanza aiuta.

- **Prepara il Tuo Ambiente**

  Elimina le distrazioni. Questo significa tutto, dalla chiusura della porta a mettere il telefono in modalità Non disturbare.

- **Sii Intenzionale con il Tuo Tempo**

  Usa questo tempo per i tuoi compiti più importanti—quelli che richiedono tutta la tua potenza cerebrale. Che tu stia lavorando a una grande presentazione, scrivendo un rapporto o pianificando per un progetto futuro, è il momento in cui affrontarlo.

- **Comunicalo**

  Fai sapere ai tuoi colleghi o familiari che non devi essere disturbato in questo momento. Metti un cartello o invia un messaggio veloce.

Ora parliamo di produttività... Quando elimini le distrazioni, non solo completi i compiti più velocemente, ma produci anche un lavoro di qualità superiore. È come passare da pilota automatico a super-pilota.

"Ciò che è veramente importante è raramente urgente, e ciò che è urgente è raramente importante."

Questa mentalità ti aiuterà a dare priorità durante i tuoi periodi di lavoro profondo. È facile restare bloccati in modalità reattiva, occupandosi di qualsiasi emergenza si presenti quel giorno. Ma il lavoro profondo ti aiuta a progredire verso grandi obiettivi—quelli che fanno la differenza.

Un grande vantaggio che ho notato è che il progresso che fai può effettivamente *motivarti*. Inizi a vedere risultati—non solo lavoro frenetico. Fai bozze, finisci quei rapporti e crei presentazioni convincenti. È un progresso tangibile.

Un esempio rapido: Se hai una presentazione in arrivo, usa il tuo tempo di lavoro profondo per fare ricerca, creare un'outline e preparare le diapositive senza interruzioni. Spegni la posta elettronica, disattiva temporaneamente gli account dei social media e fai sapere ai tuoi colleghi che sarai offline per un po'. Potresti rimanere sorpreso da quanto riesci a fare in due ore di lavoro concentrato rispetto a un'intera giornata disseminata di distrazioni.

Considerare questo tempo come esclusivamente tuo ti restituisce il potere—i tuoi obiettivi, la tua visione. È molto più prezioso di quanto la gente pensi. Quindi, stabilisci quei limiti, ritaglia quel tempo e davvero... immergiti. Si tratta di rendere il lavoro profondo una parte non negoziabile della tua routine. È il vantaggio di cui hai bisogno per realizzare i tuoi obiettivi senza fatica.

Mettiamoci Pratici!

Va bene, allacciate le cinture, perché ci immergeremo subito in un esercizio pratico che darà vita a tutti i concetti del Capitolo 7! Dotato di questi strumenti, gestirai il tuo tempo come mai prima d'ora. Pronto?

Passo 1: Identifica i Tuoi Compiti

Prendi un foglio di carta o apri la tua app per prendere appunti preferita e scrivi tutto ciò che devi fare. Includi anche i compiti più piccoli, perché non lasceremo nulla fuori.

Per esempio:

- Terminare la presentazione per la riunione di domani.
- Rispondere alle email in sospeso.
- Ricerca per il nuovo progetto.
- Chiamare il tuo amico per augurargli buon compleanno.
- Organizzare la scrivania disordinata.
- Risolvere piccoli bug nel progetto.

Questo passaggio aiuta a avere un quadro chiaro di ciò contro cui devi combattere.

Passo 2: Priorizza con la Matrice di Eisenhower

Su un nuovo foglio di carta (o una nuova pagina nella tua app), disegna una grande croce per dividerlo in quattro quadranti. Etichettali:

- Urgente e Importante
- Non Urgente ma Importante

- Urgente ma Non Importante
- Non Urgente e Non Importante

Poi ordina i tuoi compiti in questi quadranti. E sii onesto con te stesso!

Per esempio:

- **Urgente ed Importante:** Terminare la presentazione, rispondere a una email dal tuo capo.
- **Non Urgente ma Importante:** Ricerca per il nuovo progetto.
- **Urgente ma Non Importante:** Chiamare il tuo amico.
- **Non Urgente e Non Importante:** Organizzare la tua scrivania disordinata.

Questo aiuta il tuo cervello a cambiare priorità su ciò che conta davvero.

Passo 3: Scomponi con il Blocco del Tempo

Ora, guarda i tuoi compiti urgenti e importanti. Scomponi la tua giornata (o qualsiasi periodo di tempo tu abbia) in blocchi in cui ti concentrerai su ciascun compito principale.

Per esempio:

- 9:00-10:00: Terminare la presentazione.
- 10:00-10:30: Pausa / Caffè.
- 10:30-11:30: Rispondere a tutte le email urgenti.
- 11:30-13:30: Lavoro profondo - Ricerca sul nuovo progetto.

Vuol dire, pensaci! Saprai esattamente dove indirizzare la tua energia senza sentirti sopraffatto.

Passo 4: Usa la Tecnica Pomodoro

Ecco dove diventa divertente! Per i tuoi compiti importanti, spezza il tempo in blocchi più piccoli e gestibili usando la Tecnica Pomodoro. Imposta un timer per **25 minuti** (un Pomodoro), lavora su un compito, poi fai una pausa di 5 minuti. Ripeti questo 4 volte e poi fai una pausa più lunga di 15-30 minuti.

Esempio:

Se stai facendo ricerca per il nuovo progetto dalle 11:30 alle 13:30, imposta il timer per 25 minuti di lavoro concentrato, poi fai una pausa di 5 minuti (prendi uno spuntino, allungati, o guarda fuori dalla finestra). Questo ti mantiene fresco e concentrato!

Passo 5: Implementa la Regola dei Due Minuti

Hai dei compiti che richiedono solo un paio di minuti? Buttati su di loro immediatamente se sai che non ci vorranno più di due minuti per portarli a termine.

Esempi:

- Inviare una rapida email di riconoscimento: "Grazie per la tua email. Ti risponderò entro la fine della giornata."
- Archiviare quel documento che è rimasto sulla tua scrivania.
- Controllare rapidamente l'aggiornamento dello stato del progetto da un collega.

Elimina rapidamente questi compiti piccoli per mantenere più leggero il tuo carico di lavoro e la tua mente più chiara.

Passo 6: Immergiti nel Lavoro Profondo per Massima Efficienza

Scegli quel grande compito ad alto impatto che ti avvicinerà ai tuoi obiettivi (probabilmente prendendolo dal quadrante Non Urgente ma Importante).

Riserva un periodo di tempo ininterrotto (rifatti al tuo piano di Blocco del Tempo). Niente email, telefoni, o distrazioni - solo. pura. concentrazione.

Esempio:

Hai riservato dalle 11:30 alle 13:30 specificamente per il lavoro profondo sulla ricerca del nuovo progetto. Impegnati. Esci dai social media e chiudi le schede non necessarie.

Credimi, quella sensazione di immersione ripaga in grande.

Passo 7: Rivedi e Adatta

Verso la fine del tuo tempo pianificato, prenditi qualche momento per rivedere ciò che hai realizzato.

- Hai finito la presentazione?
- Hai risposto alle email?
- Come procede la ricerca del progetto?
- C'è ancora qualcosa in sospeso nel tuo quadrante Non Urgente ma Importante?

Valutare ti aiuta a vedere i progressi (che dà una sensazione incredibile) e adattare i tuoi piani se necessario.

Ecco fatto - passi pratici per padroneggiare le tecniche del Capitolo 7, tutti progettati per razionalizzare il tuo carico di lavoro e massimizzare la produttività! Goditi il processo di effettivamente portare a termine le cose. Continua a ciclare attraverso questi passaggi e troverai un ritmo che funziona alla grande. Dopotutto, padroneggiare la gestione del tempo non riguarda solo lavorare più duramente ma lavorare più intelligentemente. Buona pianificazione!

Capitolo 8: Applicazioni Pratiche nella Routine Quotidiana

"Piccoli miglioramenti quotidiani sono la chiave per risultati a lungo termine straordinari."

Questo capitolo riguarda l'integrazione della **autodisciplina** nelle tue attività quotidiane. Ti sei mai sentito come se mantenere la coerenza fosse una montagna troppo difficile da scalare? Non sei solo. Esamineremo come **mantenere la coerenza**, in modo che diventi naturale come lavarsi i denti. Esploreremo anche come **monitorare i tuoi progressi** e apportare quei piccoli aggiustamenti che fanno la differenza. E qui c'è la ciliegina sulla torta... esempi reali di superare ostacoli e strategie per **celebrare quei piccoli successi e traguardi**.

Immagina solo di svegliarti ogni giorno sentendoti al massimo delle tue capacità, con tutto che scorre senza sforzo... suona incredibile, vero? Lo scopo di questo capitolo è darti le chiavi per far sì che ciò accada. Che si tratti di conquistare le faccende quotidiane o lavorare su obiettivi personali più grandi, attenersi a un piano coerente può trasformare la tua routine.

Leggendo, ti renderai conto che anche piccoli sforzi possono portare a grandi ricompense. Vedrai quanto sia facile implementare queste strategie e raccogliere i benefici emotivi e funzionali. Pronto a vedere un po' di **magia pratica** nella tua routine quotidiana? Iniziamo – il ricco viaggio ti aspetta!

Implementare l'auto-disciplina nelle attività quotidiane

Implementare l'auto-disciplina nella nostra vita di tutti i giorni comporta alcuni passi molto pratici che rendono tutto non solo possibile ma anche scorrevole. Tutto inizia con sapere **come prioritizzare i compiti** per massima efficienza. Spesso abbiamo cose che si accumulano e diventa complicato quando non sappiamo da dove cominciare. Un semplice trucco? Dividere i tuoi compiti in "urgenti" e "importanti". Gli sforzi sui compiti urgenti ti aiutano a gestire le esigenze immediate, liberando il tuo tempo per occuparti di quelli importanti senza panico costante.

Stabilire obiettivi giornalieri chiari e realizzabili è altrettanto monumentale. Siediti un po' ogni mattina e annota cosa devi assolutamente fare quel giorno. Fai in modo che sia chiaro cosa significa avere successo—non sovraccaricarti troppo, o sarà controproducente. Hai mai provato a scalare una collina ripida quando sei stanco? Non è divertente. Suddividere quei compiti in piccoli pezzi rende la situazione molto meno spaventosa.

E parlando di compiti grandi... sopraffacenti, vero? Pensiamo a svuotare il garage. Comincia da un angolo, non da tutto lo spazio. Non mirare alla perfezione in un giorno; **fare piccole cose** dà un senso di avanzamento. Vedi i progressi ad ogni piccolo passo compiuto in un grande compito.

Ad esempio:

- Svuota uno scaffale nell'armadio anziché l'intero contenuto.
- Scrivi una pagina di quel lungo rapporto che stai rimandando anziché insistere nel finirlo.
- Dedica dieci minuti a organizzare un cassetto anziché un intero ufficio disordinato.

In questo modo, il tuo sforzo si moltiplica, rendendo i compiti grandi—non così grandi. Inoltre, è assolutamente essenziale apprezzare la natura umana di base qui: **progresso = motivazione**.

Ecco alcuni consigli extra per far girare le ruote senza intoppi:

- **Inizia dolcemente la mattina:** Evita il telefono o le email durante la prima ora dopo esserti svegliato. È la tua ora d'oro—usala per impostare il tuo umore per la giornata.
- **Un Cosa alla Volta:** Il multitasking sembra figo, ma spesso porta a risultati mediocri e a sentirsi sopraffatti. Concentrati completamente su un compito, completalo, passa al successivo.
- **Fai Pause:** Concediti il permesso di fare brevi pause. Non è tempo perso—assicura un lavoro di qualità quando il tuo cervello si riposa.

Ma come seguire effettivamente piani difficili? Ecco un processo affidabile passo dopo passo per avere successo con l'auto-disciplina nelle attività quotidiane:

- **Creazione della Lista dei Compiti**

  Scrivi tutte le cose che devi fare—più dettagliate, meglio è.

- **Priorità dei Compiti**

  Decidi cosa è urgente (scadenze imminenti) e cosa è importante ma non urgente. Concentrati su ciò che è in cima a entrambi.

- **Dividi in Pezzi**

  Nessun passo dovrebbe richiedere più di un'ora senza una breve pausa in mezzo. Rendili più piccoli se necessario (come, veramente piccoli pezzi).

- **Programmalo**

  Assegna un tempo per ogni compito nel giorno; la pianificazione visiva su un calendario aiuta ad evitare sovrapposizioni.

- **Impegnati**

  Cancellali uno per uno. Non farti bloccare pensando troppo. Passa a ciascun compito, totalmente assorto.

"Piccoli miglioramenti quotidiani sono la chiave per risultati a lungo termine sorprendenti."

E Voilà! Ti rendi conto che mantenere questa pratica significa non solo completare le cose, ma anche sentirsi veramente riposato alla fine della giornata. L'auto-disciplina sembra gigantesca come se dovessi essere un monaco o una leggenda per seguirla—onestamente, sciocchezze. Dipende da atti persistenti e piccoli di essere un po' organizzato—tu lo governi totalmente. Scaccia via quei dubbi ciclici perché onestamente: Il prendersi cura di sé nella pianificazione delle attività quotidiane elimina quasi tutto lo stress periodico. E aggiungi sempre un po' di gratitudine per ciò che completi.

Tecniche per Mantenere la Coerenza

Stabilire una routine per le attività quotidiane può sembrare un po' intimidatorio all'inizio, ma fidati di me, è come dare a te stesso una base solida. Pensaci in questo modo — creando un programma, spendi meno energia nel decidere cosa fare dopo. Invece, semplicemente ti muovi da un'attività pianificata all'altra. Un po' come sapere che le tue scarpe preferite sono lì accanto alla porta, eh? Le prendi e vai.

Ad esempio, inizia tracciando le attività quotidiane essenziali: svegliarsi, lavarsi i denti, rifare il letto, e così via. Rendi queste attività non negoziabili, quasi rituali automatici. Vederle come parte di "ciò che fai" le rende meno un peso e più un'abitudine che si integra perfettamente nella tua giornata. **Consiglio esperto: Fai il letto appena ti alzi.** Imposta un tono di realizzazione fin dall'inizio.

Ora, spargi un po' di tecnologia su tutto ciò — usa promemoria e allarmi per rimanere in carreggiata. Ognuno ha un telefono in tasca al giorno d'oggi, quindi perché non farlo lavorare per te? Imposta orari specifici per le attività cruciali — un allarme per il pranzo, un promemoria per fare stretching, un segnale per il tuo allenamento serale. Ti mantiene concentrato durante la giornata.

Ti senti davvero in difficoltà a mantenere la coerenza? Scomponila in pezzi gestibili. Concentrati sul passare dalla mattina al mezzogiorno, premiandoti con una pausa meritata. A volte è confortante sapere che c'è un punto di arrivo, anche se a breve termine.

Parlando di premi...premiati per aver seguito il piano! Questo è qualcosa spesso trascurato ma così critico. **Il rinforzo positivo è carburante più felice per il tuo cervello.** Concludi la settimana con un regalo, che sia un nuovo libro, un pasto speciale, o anche qualche minuto in più di un hobby rilassante. Un semplice "Woo, bravo io!" a volte può essere la migliore motivazione. Una breve citazione da tenere sempre presente è:

La più piccola vittoria è meglio della più grande intenzione.

Piccoli premi incrementali tracciano obiettivi più grandi in pezzi realizzabili. Piccoli premi regolari possono fare miracoli. Quel senso di soddisfazione quando raggiungi quel traguardo quotidiano...abbiene, lascia che nutra il tuo impegno.

Mettiamola insieme –

- **Consigli per Creare una Routine:**
    - ○ Identifica le attività giornaliere di base e rendile abitudini automatici.
    - ○ Rispetta orari di inizio e fine ragionevoli.
- **Vincite nella Impostazione dei Promemoria:**
    - ○ Allarme del telefono: "Su e al lavoro!"
    - ○ Promemoria per attività specifiche.
- **Consiglio esperto sui Premi:**
    - ○ Tieni un barattolo dei premi. Pianifica in anticipo tutti i piccoli gesti di auto-cura.

Creare una struttura aiuta a trasformare comportamenti positivi nella tua routine regolare. Attraverso le prove, piccole imprese rafforzano il tuo cammino verso obiettivi più grandi. Passi semplici, promemoria chiari, e una lode qua e là...Quel ciclo fluido potrebbe diventare il tuo nuovo migliore compagno! Il potere di routine tangibili con interruzioni deliziose ti terrà carico e pronto a partire. Quindi...metti tutto questo in atto, poco per volta, finché non diventa una parte senza sforzo della tua giornata. Non affrettarti...sii solo costante.

Monitorare il Progresso e Apportare Regolazioni

Controllare come stanno andando le cose... è semplicemente buon senso, giusto? Quando si è impegnati per raggiungere qualcosa di importante, tenere sotto controllo il proprio progresso fornisce un quadro chiaro di ciò che funziona e di ciò che non funziona. Puoi pensare a questo come accordare una chitarra – alcune piccole regolazioni possono trasformare il rumore in bellissima musica.

Per esempio, inizia con il rivedere regolarmente il tuo progresso. Immagina di dedicare del tempo ogni settimana per sederti con te stesso (magari con una tazza di tè o caffè) e riflettere. Guarda cosa è stato realizzato rispetto a ciò che è ancora in sospeso. Questo non è un esercizio di essere severi, tali riflessioni spesso indicano aree che necessitano di regolazioni senza creare troppo stress. Chiediti gentilmente: "Questa settimana è stata produttiva? Ho affrontato ostacoli imprevisti?" Questa modesta autovalutazione aiuta a mettere le cose in ordine.

Nel mezzo di queste riflessioni, potresti notare alcune difficoltà. Indovina un po'? Questo è un segnale che qualcosa non va e richiede una ristrutturazione della strategia. È come quando stai leggendo un libro ma non riesci a seguire la storia; tornare indietro di qualche pagina potrebbe aiutare a capire. Allo stesso modo, se una tattica non ha funzionato, sostituiscila con un'altra che ti sembra più naturale o che ti rappresenta meglio.

È anche utile stabilire controlli periodici. Mentre le revisioni giornaliere possono essere eccessive e quelle mensili potrebbero essere troppo distanziate, punta a qualcosa di intermedio. Una frequenza bisettimanale suona equilibrata. Questi piccoli controlli mantengono freschi nella mente i tuoi obiettivi e aggiustano il focus senza essere schiaccianti. Allinearsi su ciò che hai fatto e notare eventuali deviazioni da quanto avevi pianificato ti aiuta a mantenere il percorso.

Dal lato pratico... suddividiamolo in passaggi.

- **Sessioni di Autovalutazione**

  Riserva un blocco di tempo regolare ogni settimana – diciamo, 30 minuti, per rivedere i tuoi obiettivi e le tue realizzazioni. Fatti domande dirette come, "Le mie azioni di questa settimana mi hanno avvicinato al mio obiettivo?" Mantenendo questa onestà si fa luce sull'efficacia.

- **Regolazioni della Strategia**

  Una volta che hai ben definito le tue riflessioni settimanali, il passo successivo include la selezione dei metodi. Stai attento a ciò che funziona. Forse ti rendi conto che camminare 20 minuti dopo cena ha funzionato efficacemente, ma alzarsi per una corsa al mattino... non tanto? Questa consapevolezza è preziosa. Perfeziona il tuo approccio dove necessario – adattando le strategie in base a ciò che si adatta meglio a te.

- **Controlli Bisettimanali**

  Preparati per queste sessioni leggermente più ampie ogni due settimane per guardare il quadro generale. Se le revisioni settimanali sono la tua bussola, questi incontri bisettimanali sono il tuo osservatore di stelle, orientando traiettorie più ampie. Fissa alcune domande come, "Sono sulla buona strada? Queste piccole regolazioni stanno facendo la differenza?" Vuoi che questi incontri bilancino la riflessione con l'aggiornamento strategico.

- **Sfrutta i Cicli di Feedback**

  Creare cicli di feedback può anche aiutare. Se tieni traccia per l'auto-riflessione e il progresso, le regolazioni in tempo reale diventano più semplici. Pensa a piccoli tracker di abitudini o a un diario sul comodino. Favorire piccoli miglioramenti basati su feedback reali assicura un costante slancio.

Ecco qualcosa su cui riflettere:

"Trova ciò che funziona richiede di accettare che potresti non ottenerlo alla prima... continua a sperimentare finché non lo fai."

Nel complesso, qualsiasi metodo applicato dovrebbe anche temperare il tuo controllo della realtà. L'obiettivo principale dovrebbe essere la consapevolezza di sé. Valutazioni regolari e regolazioni spesso rivelano strade più scorrevoli. Inoltre, questo processo porta delicatamente massima chiarezza su ciò che fai.

Pensa in modo variabile, aggiusta pazientemente quelle corde piccole spesso, e presto potresti suonare melodie straordinarie nel perseguire quegli obiettivi! **L'autodisciplina** consiste nel perfezionare quelle abitudini ad ogni passo, e il monitoraggio fa sì che ogni nota sia giusta.

Esempi di Superare gli Ostacoli

Pensa alle distrazioni quotidiane—oh, sai di cosa sto parlando. Telefoni, social media, video divertenti di gatti che appaiono. Tutti questi possono far deviare il tuo progresso più velocemente di qualsiasi altra cosa. Potrebbe sembrare un piccolo pezzo di tempo perso, ma queste distrazioni si accumulano. Quindi, è abbastanza cruciale identificarle e poi eliminarle. Immagina di impostare il tuo telefono su non disturbare, o meglio ancora, metterlo in un'altra stanza mentre lavori. Un'altra buona idea è utilizzare app progettate per aiutarti a rimanere concentrato. Queste eliminano la tentazione di controllare i messaggi o le notifiche.

Potresti affrontare dei contrattempi, non importa quanto preparato pensi di essere. I piani non sempre funzionano, vero? Quando non lo fanno, è essenziale avere strategie per gestire i contrattempi. Fai un passo indietro, respira, e guarda cosa è andato storto—non per rimproverarti, ma per capire cosa può essere migliorato per la prossima volta. È come un gioco—impari mosse migliori man mano che capisci meglio il gioco.

- **Rifletti con calma**. Affronta il contrattempo e guardalo senza emozioni (per quanto possibile). C'era un punto specifico in cui le cose hanno cominciato a vacillare?
- **Pensa alle soluzioni, non ai problemi**. Invece di concentrarti sull'errore, concentrati su come correggerlo. Chiediti, "Cosa posso fare diversamente?" È molto più costruttivo.
- **Scrivi un piano di riserva**. Per praticamente ogni obiettivo, puoi avere un piano B pronto. Questo può trasformare ciò che sembra essere un grande ostacolo in un piccolo intoppo sulla strada.

Un altro aspetto significativo—**cerca supporto da amici o mentori**. Avere qualcuno che ti sostiene può davvero cambiare le cose. Quando le sfide diventano troppo grandi, parlare con qualcuno che ha il talento di offrire buoni consigli o una spalla gentile può aiutare molto. Forse hanno passato situazioni simili e hanno preziose intuizioni. I mentori, in particolare, possono guidarti poiché spesso hanno "già fatto esperienza di ciò". Sentire qualcuno incitarti può aumentare il tuo morale più di quanto pensi.

"Non è che io sia così intelligente, è solo che persisto più a lungo nei problemi."

Detto questo... evidenziamo alcuni passaggi specifici:

- **Identificazione**: Riconosci chi sono le tue fonti di supporto. Gli amici, la famiglia e i mentori sono più di semplici sostenitori. Hanno prospettive e saggezza che sono inestimabili.
- **Chiedere Aiuto**: Non essere timido nel chiedere supporto. Testi semplici come, "Ehi, possiamo parlare?" o "Ho incontrato un ostacolo" possono aprire la porta a conversazioni utili.
- **Applicazione**: Quando ricevi consigli, non limitarti ad annuire. Applicali. Sarai sorpreso da quanto una piccola

modifica consigliata da un amico possa avere enormi impatti.

Anche il respiro conta. Non c'è niente di male nel sentirsi sopraffatti; succede a tutti. A volte, fare una pausa anche solo per 10 minuti per raccogliere i tuoi pensieri può fare miracoli. Basta concedersi un po' di tranquillità—anche solo un po'—per lasciare che le soluzioni vengano a te. Scoprirai che, con una disciplina semplice, la tua routine quotidiana può scorrere più fluidamente.

Infine, l'atteggiamento generale conta molto. Si tratta di allineare la tua mentalità verso la crescita e la pazienza. Certo, rimanere concentrati e gestire lo stress sembrano basilari, ma sono le tue difese contro gli ostacoli di ogni giorno.

In modo deciso—con questi trucchi nella manica, affrontare gli ostacoli può diventare più una routine, piuttosto che una lotta.

Celebrare Piccole Vittorie e Traguardi

Quando si tratta di autodisciplina, riconoscere i successi, non importa quanto piccoli, è essenziale. I piccoli passi che fai ogni giorno per raggiungere i tuoi obiettivi formano la base dei tuoi successi più grandi. Che si tratti di completare un allenamento, di terminare una parte di un progetto o semplicemente di alzarti presto dal letto, queste sono le tue vittorie. Prenditi un momento per riconoscerle. Darsi una pacca sulla spalla potrebbe sembrare insignificante, ma è così importante per mantenere il momentum e la motivazione. Le piccole vittorie ti mantengono in movimento.

Considera **di utilizzare un sistema di ricompense**. Non deve essere stravagante; anzi, spesso il semplice è meglio. Hai letto dieci pagine di quel libro che volevi iniziare da tempo? Goditi un pezzo del tuo cioccolato preferito. Hai completato i lavori o compiti della giornata? Guarda un episodio della tua serie preferita. Collegando queste gioie ai tuoi sforzi, creerai associazioni positive con i successi. Si tratta semplicemente di darti quella spinta in più per andare avanti.

Rifletti—è facile perdere di vista quanto sei arrivato lontano. **Riflettere sui tuoi progressi può davvero aumentare la tua fiducia**. Tieni un diario, annotando i compiti che hai completato ogni giorno. Ho scoperto che guardando indietro alle mie note, vedendo i successi giornalieri raccolti insieme, si dipinge un'immagine davvero fantastica del progresso. Sicuramente, a volte l'avanzamento è sottile, ma c'è. Queste piccole vittorie si accumulano e si trasformano in traguardi più grandi—coincidendo con realizzazioni più importanti.

Parliamo di un modo pratico per integrare questo nella tua vita quotidiana. Ecco un **processo passo dopo passo**.

- **Riconosci Ogni Successo Durante la Tua Giornata**

  Potrebbe essere qualcosa di semplice come "Ho completato metà della mia lista delle cose da fare oggi." (Hai bevuto abbastanza acqua? Hai risposto a due email?) Fai attenzione a questi momenti.

- **Implementa un Semplice Sistema di Ricompense**

  Pensa a piccole ricompense che ti rendono felice. (Non ti stai regalando una vacanza per aver fatto il bucato, ma magari una pausa di 10 minuti con un buon libro.) Pianifica in anticipo queste piccole ricompense per mantenere alto il morale.

- **Rifletti Regolarmente sui Tuoi Progressi**

  Dedica qualche minuto ogni sera a riflettere su ciò che hai realizzato durante la giornata. Usa un diario o un'app, qualcosa di facile per annotare pensieri rapidi. Anche dei punti elenco possono essere straordinariamente rivelatori. Cosa ha funzionato? Di cosa sei stato orgoglioso oggi?

- **Celebra i Traguardi Più Importanti**

  Alla fine, i tuoi piccoli successi ti porteranno a completare compiti più grandi. Celebra questi con ricompense più grandi—una cena fuori, un'escursione di un giorno o concedendoti qualcosa che desideravi da tempo. Riconoscere questi traguardi aiuta a consolidare ulteriormente gli sforzi che hai fatto per raggiungerli.

Ecco un pensiero semplice ma profondo da ricordare in questi momenti:

"Un viaggio di mille miglia inizia con un singolo passo."

Incorpora affermazioni positive tra le tue riflessioni quotidiane—in piccoli commenti come "Hai fatto un ottimo lavoro oggi" o "Non è stato facile, ma ce l'hai fatta." Il dialogo interiore positivo è fondamentale; rinforza sottilmente la tua stessa fiducia nelle tue capacità.

Celebrando e riconoscendo progressi incrementali, **crei un ciclo di positività e motivazione**. Ogni mini-celebrazione, come parole gentili rivolte a te stesso, questi momenti leggeri e spensierati ti spingono in avanti. Il progresso, per quanto piccolo, è sempre un passo avanti verso i tuoi obiettivi. Ogni passo conta.

Mettiamoci Pratici!

Va bene, lettori, prendete le vostre cinture degli attrezzi metaforiche perché è giunto il momento di mettere in pratica un po' di auto-disciplina positiva, con il Capitolo 8 che ci guida passo dopo passo. Intrecceremo questo nella nostra routine quotidiana, rafforzeremo la consistenza, verificheremo i nostri progressi, affronteremo le sfide e ci daremo un high-five (in senso figurato) per le piccole vittorie. Pronto? Mettiamoci al lavoro.

Passo 1: Identifica un Compito Quotidiano da Migliorare

Pensate alle vostre attività quotidiane. C'è qualcosa su cui trovate difficoltà a mantenere la disciplina? Potrebbe essere qualcosa di semplice come svegliarsi ad un orario costante o qualcosa di specifico come fare il letto. Selezionate un compito pratico in cui credete che l'auto-disciplina possa davvero brillare. Per esempio, decidete di mantenere il vostro spazio di lavoro organizzato ogni giorno.

Passo 2: Imposta un Obiettivo Piccolo e Realizzabile

Suddividete quel compito in un obiettivo più piccolo e gestibile. Considerate di fare il letto, è un impegno di cinque minuti. Se si tratta di organizzare il vostro spazio di lavoro, impegnatevi a 10-15 minuti di sistemazione alla fine di ogni giorno. Ci stiamo preparando al successo senza sentirsi sopraffatti.

Passo 3: Crea una Semplice Routine

Fate diventare questo compito parte della vostra routine quotidiana. Assegnategli un orario specifico - subito dopo esservi svegliati o prima di andare a dormire, ad esempio. Diciamo che vi impegnate ad organizzare il vostro spazio di lavoro proprio prima di cena. Associare il compito ad un momento specifico aiuta nella consistenza.

Passo 4: Monitora i Tuoi Progressi

Tenete un piccolo quaderno, fisico o digitale, dove annotate una semplice nota ogni giorno quando completate il vostro compito. Qualcosa del tipo "Spazio di lavoro organizzato oggi" con la data. È un monitoraggio chiaro e - credetemi - vedere quelle note consecutive è enormemente motivante.

Passo 5: Affronta e Adatta agli Ostacoli

Vi troverete di fronte ad ostacoli. Forse una sera, siete in ritardo per una serata fuori, e l'organizzazione del vostro spazio di lavoro sfugge di mano. Anche i piani meglio predisposti hanno inciampi; ciò che conta è la vostra risposta. Non martellatevi, invece, riconoscete che è una deviazione e tornate in carreggiata il giorno successivo. Rafforzare la volontà implica comprendere che gli scivoloni accadono ma l'impegno rimane saldo.

Passo 6: Celebra le Piccole Vittorie

Ogni volta che raggiungete 7 giorni di mantenimento del vostro piano, fate qualcosa di piacevole per voi stessi. Godetevi un episodio extra della vostra serie preferita o concedetevi cinque minuti in più della vostra attività di relax preferita. Riconoscere questi successi aumenta il vostro morale e si traduce in ulteriore motivazione.

Passo 7: Aumenta Gradualmente la Sfida

Quando state raggiungendo con fiducia i vostri piccoli obiettivi e inizia a sentirsi automatico, pensate di espandere o aggiungere un altro compito. Forse, dopo aver mantenuto in modo affidabile un luogo di lavoro ordinato, decidete di incorporare 5 minuti di stretching ogni mattina. Gli stessi passaggi si applicano - piccoli obiettivi realizzabili integrati nella vostra routine.

Anche se è personale, segui questo filo e continua ad adattarti: Aggiungere attività, monitorare, superare gli scivoloni e premiarti. Nel tempo, queste abitudini si moltiplicheranno, diffondendo la vostra auto-disciplina in altri aspetti della vita. Ogni piccolo progresso vi rende tanto più forti.

Questo passo dopo passo non crea cambiamenti drammatici da un giorno all'altro ma si concentra sul vostro ritmo quotidiano, sulla consistenza, sugli aggiustamenti minori e sul godere delle piccole vittorie. Affinate in base alle vostre dinamiche e mantenete il viaggio gratificante, plasmante e solo un po' motivante.

Capitolo 9: Ottenere Risultati Duraturi Attraverso la Disciplina

"La disciplina è il ponte tra gli obiettivi e il successo."

Quindi, perché la disciplina è così cruciale a lungo termine? Pensaci — quante volte hai iniziato qualcosa con entusiasmo, solo per perdere energia a metà strada? Ecco dove entra in gioco questo capitolo. Esploreremo come **mantenere viva la motivazione** nel tempo, praticare il miglioramento continuo (sì, anche quando sembra difficile) e bilanciare lo sforzo con il riposo necessario per il successo a lungo termine.

Ti sei mai chiesto perché alcune persone sembrano sempre ottenere risultati mentre altre si spengono? Non si tratta solo di lavorare sodo, ma anche di lavorare in modo intelligente. **Mantenere la motivazione** è un aspetto chiave. Troverai consigli per rimanere carico, anche dopo che l'entusiasmo iniziale svanisce. Inoltre, parleremo di *Kaizen*, un principio che suddivide compiti giganteschi in piccoli pezzi gestibili per un miglioramento continuo — suona piuttosto interessante, vero?

Ma aspetta, non è solo lavoro duro. Discuteremo dell'arte di bilanciare **riposo e sforzo**, perché bruciarsi non aiuta nessuno (il suono troppo frequente del pulsante snooze ti suona familiare?). Un altro punto forte? **Autodisciplina** — non solo sul lavoro ma in ogni area della tua vita. Credimi, ne vale la pena.

E infine, la riflessione e la pianificazione ti aiuteranno a tracciare le vie future. Pronto a trasformare la tua routine?

Mantenere la Motivazione nel Lungo Termine

Va bene, mantenere la motivazione nel lungo periodo... non è una passeggiata, ma è sicuramente possibile con alcune strategie solide. Il trucco è *stabilire obiettivi chiari e raggiungibili*. Potresti pensarci come avere obiettivi specifici e tangibili a cui puntare effettivamente. Quando i tuoi obiettivi sono vaghi o troppo irrealistici, è facile perdere motivazione perché non riesci a vedere il traguardo. Ad esempio, invece di dire "Voglio mettermi in forma", potresti stabilire un obiettivo come "Voglio correre un miglio in otto minuti entro due mesi". C'è una grande differenza tra i due, non credi?

Monitorare i progressi, credici o no, fa una grande differenza. Ti sorprenderesti di quanto possa essere motivante vedere i tuoi progressi, anche se è solo un po' alla volta. Un diario, un foglio di calcolo, persino una lavagna—qualsiasi cosa davvero—può essere usata per registrare i tuoi successi. Ad esempio, pensa a qualcuno che sta imparando a suonare la chitarra. Ogni volta che riesce con un accordo, quello è un progresso. Scrivere da qualche parte lo trasforma in una piccola ma significativa vittoria. Inoltre, quei piccoli registri ti mantengono sulla giusta strada, mostrandoti quanto sei arrivato.

Parlando di vittorie, è cruciale *celebrare le piccole conquiste*. Sì, anche quei piccoli traguardi meritano un po' di luce. Se sei riuscito a correre un chilometro senza fermarti? Fantastico! Magari concediti uno snack preferito o un bagno rilassante. Ricompensarti per piccoli passi rende l'intero processo più gratificante e meno faticoso.

"Il successo è la somma di piccoli sforzi, ripetuti giorno dopo giorno."

Azioni semplici e coerenti si accumulano nel tempo, portando a risultati significativi. (Naturalmente, la coerenza stessa è sostenuta da obiettivi chiari e check-in periodici).

Va bene anche se la motivazione cala di tanto in tanto. Non essere troppo severo con te stesso se arriva una giornata difficile. Si tratta di progresso, non perfezione. Saltare un giorno nel monitoraggio o deviare momentaneamente da un obiettivo non è la fine del mondo. Cerca solo di non lasciare che quegli occasionali passi falsi diventino abitudini. Avevo un amico che stava scrivendo un romanzo, e credimi, la chiave non erano solo i grandi weekend di scrittura—erano quei costanti piccoli pezzi di scrittura fatti quasi ogni giorno.

Esistono passi pratici per raggiungere quella coerenza:

- **Creare Promemoria Visibili**

  Metti poster, post-it o messaggi che ti spingono a rimanere sulla giusta strada. Un promemoria sul frigorifero che dice "Ce la puoi fare, un passo alla volta" potrebbe sembrare banale, ma questi segnali visibili possono davvero mantenerti in carreggiata.

- **Unisciti a una Comunità o a un Gruppo di Supporto**

  Potrebbe essere un club locale, un forum online o semplicemente un gruppo di amici. Condividere obiettivi, progressi, sfide—avere altri a incoraggiarti—può fornire un incoraggiamento molto necessario. La responsabilità sociale fa miracoli.

- **Programma Revisioni Regolari**

Una volta alla settimana, o anche mensilmente, prenditi del tempo per fare il punto con te stesso. Rifletti su cosa è andato bene, cosa no, e adatta i tuoi obiettivi e le tue strategie di conseguenza. Forse correre tutti i giorni non lascia abbastanza tempo per il recupero—modifica quel piano per includere il riposo.

Mantieni il processo interessante provando nuovi approcci. Se un metodo non motiva, forse un altro lo farà. Scambia una corsa mattutina con un nuoto, sostituisci un obiettivo di scrittura di 10 pagine con un obiettivo di conteggio delle parole, e così via.

Come ho detto, la motivazione non è costante. L'obiettivo è creare un sistema che mantenga più spesso accesi quei motori di motivazione. A volte piccoli aggiustamenti fanno la differenza più grande su come manteniamo la nostra determinazione.

Quindi resisti—quei passi sopra? Sono sicure vittorie che portano a rimanere motivati.

Abbracciare il Miglioramento Continuo (Kaizen)

Esploriamo il concetto di implementare piccoli cambiamenti incrementali... Spesso sono come piantare semi che crescono gradualmente in alberi maestosi. Piccole modifiche nelle abitudini quotidiane possono portare a un successo più sostenibile a lungo termine. Invece di affrontare cambiamenti massicci tutti in una volta, che possono sembrare schiaccianti, potresti modificare una cosa semplice alla volta. Ad esempio, prova a leggere dieci pagine al giorno anziché pianificare di finire un intero libro in un weekend. Questo non solo rende il compito gestibile ma stabilisce anche un modello di coerenza.

Incoraggiare una mentalità di crescita è essenziale qui. Pensaci, lo sforzo e la perseveranza diventano gradini piuttosto che ostacoli. Una mentalità di crescita significa vedere le sfide come opportunità per imparare e migliorare piuttosto che come ostacoli da evitare. Pensa a Jane, che inizialmente ha avuto difficoltà con la pubblica parola. Invece di considerare i suoi nervosismi come un fallimento, ha colto ogni opportunità per parlare in contesti più piccoli. Ha visto ogni occasione come un modo per migliorare. Nel tempo, e con costanti piccoli passi, la sua fiducia è schizzata alle stelle. Ha regolarmente valutato i suoi progressi, notato aree da migliorare ed espanso gradualmente la sua zona di comfort.

È anche importante continuare a rivedere e adattare le strategie. Prendi Mark; voleva aumentare la sua produttività sul lavoro. All'inizio, ha cercato di affrontare tutte le sue attività più complesse in una volta sola e alla fine si è bruciato. Così, Mark ha valutato cosa funzionava e cosa no. Ha quindi implementato un altro piccolo cambiamento — suddividendo le attività in pezzi ancora più piccoli, concentrandosi sul completare solo un pezzo. Grazie a questo processo iterativo, Mark ha trovato un equilibrio che ha notevolmente migliorato la sua efficienza senza stress.

Piccoli cambiamenti, mentalità di crescita — capito. Ma come decidiamo i passi da compiere? Ecco un metodo pratico che potresti applicare:

- **Identifica un'Area per il Miglioramento**

  Limitati a qualcosa di specifico. Invece di semplicemente "essere più sano," concentrati su un obiettivo preciso come bere più acqua o fare passeggiate giornaliere.

- **Implementa un Piccolo Cambiamento**

  Per l'obiettivo di bere più acqua, inizia con un bicchiere d'acqua in più ogni mattina. Oppure, se cerchi le passeggiate giornaliere, prova a fare una passeggiata di cinque minuti dopo pranzo. Lo scopo è rendere il cambiamento abbastanza piccolo da essere raggiungibile senza cambiamenti drastici nelle routine esistenti.

- **Misura e Rifletti**

  Stabilisci una forma di misurazione — forse un semplice diario per tracciare i progressi. Annota quanto acqua bevi o con quale frequenza fai quella passeggiata.

- **Rivedi e Pianifica il Prossimo Piccolo Passo**

  Dopo un paio di settimane, rivedi i tuoi progressi. Ti sei abituato comodamente al piccolo cambiamento? Se sì, introduce un altro piccolo passo — forse aggiungerai un altro bicchiere d'acqua la sera o estenderai la tua passeggiata di altri cinque minuti.

"Rivedere costantemente e perfezionare le strategie aiuta a rimanere in rotta e adattarsi alle nuove sfide."

Per rendere tutti questi processi impattanti, ecco alcuni punti:

- **Rimanere Pazienti:** Il progresso potrebbe sembrare lento, ma piccoli passi costanti spesso portano a cambiamenti duraturi.
- **Essere Gentili con Se Stessi:** Le ricadute sono inevitabili ma anziché considerarle fallimenti, vedi in esse opportunità per ricalibrarti. Ogni piccolo sforzo conta.
- **Mescolare e Abbinare Strategie:** A volte, combinare piccoli cambiamenti con elementi di altri metodi di miglioramento può migliorare significativamente i risultati. Personalizza in base a ciò che funziona meglio per te.

Quindi, mentre procedi con questo sistema, tieni presente la flessibilità. Adatta quando necessario e celebra sempre piccole vittorie. La costante spinta verso il perfezionamento di questi processi è la chiave. Piccoli passi, quando applicati in modo coerente, ti porteranno lontano — molto più lontano degli sforzi sporadici. Pensa a esso come un viaggio continuo di successi stratificati, contribuendo a un cambiamento duraturo e impattante.

Bilanciare Riposo e Sforzo per la Longevità.

Bilanciare riposo e sforzo potrebbe sembrare un consiglio di base, ma è uno dei pilastri per mantenere la disciplina a lungo termine. Poiché esagerare può portare rapidamente al burnout, adottare una routine sostenibile con pause integrate è essenziale.

Programmare pause regolari può rivitalizzare la concentrazione e mantenere viva la motivazione. Pensaci come fare degli intervalli durante la corsa. Hai bisogno di segmenti più brevi, riposo per riprendere fiato, poi un'altra corsa... ripeti. Studi (come la tecnica Pomodoro) suggeriscono di lavorare per circa 25 minuti, poi prendere una pausa di cinque minuti. Questo schema aiuta a mantenere livelli di energia freschi.

Dare priorità al sonno e al recupero è un'altra chiave. È tentante—specialmente con scadenze stringenti—dormire poco, pensando di poter "andare avanti". Tuttavia, spesso questo si rivela controproducente. Meno sonno compromette il giudizio, altera l'umore e riduce la produttività. Non si tratta solo di andare a letto presto; si tratta di un sonno di qualità. Crea una routine serale rilassante—abbassa le luci, leggi un libro, evita gli schermi un'ora prima di dormire. Routine semplici possono migliorare drasticamente la qualità del sonno, e la differenza nelle performance quotidiane sarà evidente.

Bilanciare gli sforzi richiede un percorso intermedio. Troppa intensità senza pause non è sostenibile. *Praticare la moderazione* significa stabilire obiettivi realizzabili e affrontarli poco per volta.

Un errore in cui molti cadono è il pensiero "tutto o niente"—se si fallisce un obiettivo, si pensa di aver fallito completamente. La disciplina non riguarda la perfezione; riguarda la costanza e il progresso. Stabilisci un contributo giornaliero di base gestibile, anche nei giorni più difficili. Ad esempio, se punti ad allenarti e non puoi dedicare l'ora solita, uno stretching di 10 minuti può essere altrettanto efficace nel mantenere il momentum. Mantenere le cose moderate significa non esagerare e non perdere la voglia prematuramente.

Il burnout... arriva di soppiatto. Potresti apprezzare ciò che stai facendo finché, un giorno, ti svegli con la sensazione di terrore. È essenziale intrecciare pause riposanti tra gli sforzi. Un appunto personale? Prima accettavo così tanti progetti contemporaneamente, pieno di ambizioni, che non sentivo l'odore del burnout fino a quando non ero in mezzo alle fiamme. Lezione imparata—ritirati occasionalmente. Lascia che il tuo cervello si ricalibri.

"Non puoi versare da una tazza vuota."

Questo aforisma sottolinea perché bilanciare riposo e sforzo è non negoziabile. Senza riposo e recupero, ti prosciughi, rendendo difficile raggiungere qualsiasi obiettivo come spingere una pietra in salita.

Considera questi suggerimenti come carburante per il cervello—consumati in piccoli intervalli, mantenendoti carico. Programma momenti di puro relax nella tua giornata (sì, dedica veramente del tempo)—anche se si tratta di un paio di pause meditative di cinque minuti tra compiti più lunghi. Osserva lo stress diminuire e la chiarezza aumentare. Impegnarti in una routine cognitiva (come puzzles) combinata con esercizi fisici (come yoga) traccia uno script sostenibile.

La vita richiede bilanciare le assegnazioni—diffondi le tue energie principalmente tra le necessità e il tempo libero. Adotta tutto incrementalmente:

- Identifica i picchi di adrenalina e i cali di energia nel corso della giornata.
- Programma attività che completeranno i tuoi ritmi.
- Usa calendari o allarmi (per ricordare le pause).

Costruire l'autodisciplina significa riconoscere bisogni autentici bilanciati da sforzo e riposo sufficiente e consente un successo duraturo.

Interconnettendo dinamicamente questi principi, evita cali che ostacolano la progressione. Lo sforzo non significa immediato. I risultati duraturi si materializzano con metodi costanti e misurati, preservando sempre il tuo vero intento. Avvicinati deliberatamente... È una pazienza duratura, una costanza accattivante che cattura i tuoi risultati—richiede tempo nutrito. 🌼

Integrare l'Auto-Disciplina in Tutti gli Ambiti della Vita

Avere una forte forza di volontà non è solo qualcosa di necessario per compiti importanti o scadenze stressanti, può influenzare ogni parte del tuo mondo. Lascia che ti spieghi cosa intendo.

Pensa alla vita personale - completare le cose a casa, essere rigorosi nelle scelte più salutari, o dedicarsi a un nuovo hobby. Avere quella disciplina di svegliarsi alla stessa ora ogni mattina, anche nei fine settimana, crea una solida base. Sono le piccole cose... come rifare il letto (ci sono prove che suggeriscono che può persino migliorare il tuo umore), o non saltare l'esercizio fisico... che contano di più. Prova a creare una routine mattutina.

- **Ora di Sveglia**

Stabilisci un orario preciso per alzarti dal letto, e rendi questo momento sacro. È come creare un ancoraggio mentale per ogni giorno. Non sei una persona mattiniera? All'inizio potresti trovarlo terribile, ma fidati di me... diventerà più facile.

- **Piccola Attività**

Inizia la tua giornata con un'azione semplice, come rifare il letto. Questa piccola attività fornisce un senso di realizzazione e imposta l'umore. Non sembra molto? Beh, è comunque una piccola vittoria appena sveglio!

- **Tempo per l'Esercizio Fisico**

Scegli un esercizio che ami (o almeno non detesti), e mantieniti costante. Sii gentile con te stesso ricordando che anche i piccoli passi contano. (Oggi, quando piove, accontentati di uno stiramento se non puoi uscire).

In ufficio, la disciplina non riguarda solo produrre lavoro; si tratta di mantenere un livello costante di eccellenza, bilanciare efficienza e qualità, e seguire una routine che massimizza la produttività. Ciò significa (e non posso sottolinearlo abbastanza), pianificare, pianificare, pianificare... aiuta davvero.

- **Agenda Giornaliera**

Ne hai una! Inizia la tua giornata elencando i principali compiti. Farà miracoli per mantenerti in riga. Tratta questa lista più come una guida - a volte spuntano cose che non erano nel tuo radar.

- **Scomponi il Compito**

I compiti grandi possono rapidamente diventare mostri ingestibili. Scomporli in piccoli pezzi è il salvatore della sanità mentale. Nessuno può finire tutto in un'unica grande porzione.

- **Controllo del Tempo**

  Imposta degli allarmi se necessario. Tenere d'occhio i tuoi tempi assegnati aiuta a non scivolare. Prima che te ne accorga, il tuo livello di produttività aumenta naturalmente.

Passando all'aspetto sociale della vita... Essere disciplinati non significa essere rigidi o noiosi, ma si tratta di mantenere promesse, arrivare puntuali e far sapere agli amici che possono contare su di te. L'accountability è fantastica! Che si tratti di rispondere prontamente ai messaggi o di rispettare gli appuntamenti, è tutto interconnesso.

Un buon trucco? Prova a fissare controlli settimanali con amici o familiari. Allo stesso modo in cui la mamma diceva che avresti dovuto spazzare sotto quegli angoli del letto, da adulto, i messaggi non devono accumularsi, aspettarli ti stresserà! Spargere queste attività in sezioni più piccole, ad esempio aggiornare il tuo migliore amico ogni mercoledì, aiuta a formare abitudini fruttuose.

Sviluppare routine costanti in ambito personale, lavorativo e sociale non è assorbente, ma è costantemente essere una versione migliore di te stesso ogni giorno. C'è una citazione che lo riassume perfettamente:

"La distanza tra i sogni e la realtà si chiama azione."

Scegliere questa disciplina duratura piuttosto che una mentalità di risultati istantanei è cruciale. Migliorarsi ogni giorno - quello diventa il tuo obiettivo (sì, scommetterei somme considerevoli su come questo possa alterare la visione della vita). Stabilire obiettivi e mantenerli in tutti gli aspetti della tua giornata conta. Sono piccole promesse giornaliere a te stesso fatte e mantenute.

Applicando l'accountability in ogni ambito, stai preparando un modello disciplinato per raccogliere successi in seguito (e un po' di orgoglio). ■ Coltivare questo tratto rende la messa a punto della vita più che raggiungere un obiettivo, è riempire le tue giornate di azioni significative condite da piccole vittorie per una soddisfazione duratura. I tuoi 'risultati' duraturi seguono - non devi attendere - la vittoria è seminata lungo quel percorso disciplinato... ogni passo che hai solidificato.

In quelle parole e concetti, c'è sia valore che praticità. L'atto di bilancio interconnesso della vita migliora più che mai - diventa una pratica degna di incrementare ogni tasca di successo collegata al tuo cammino quotidiano. Mantenendo fermezza lì, si coltiva una vita futura più arricchita.

Riflessione e Pianificazione Futura

Quindi, siamo arrivati a questa parte del processo in cui è il momento di riflettere e fare piani futuri, concentrandoci su come collegare i nostri punti di forza e debolezza con i nostri prossimi passi… Pensaci – quando è stata l'ultima volta che ti sei seduto e hai veramente analizzato ciò in cui sei bravo e cosa, francamente, ha bisogno di miglioramenti? È cruciale. La riflessione regolare ti tiene in tensione (nel senso positivo) – rompe i modelli in cui siamo troppo a nostro agio, e lì si trova la chiave per un progresso duraturo.

Monitorare punti di forza e debolezza regolarmente non è solo importante – è essenziale. Prenditi del tempo, magari ogni mese o trimestre, per valutare come ti sei comportato. Ci sono pattern costanti in ciò che fai bene? Allo stesso modo, ci sono aree in cui affronti costantemente delle sfide? Un modo utile per farlo è tenere un diario. Annota ciò che ti è sembrato difficile, ciò che è venuto facilmente, ciò che ti ha emozionato e ciò che ti ha annoiato. Col passare del tempo, vedrai emergere dei trend.

Ora, sposiamo quella riflessione con azioni future. Pensa a quando stavi imparando a guidare una bicicletta. Probabilmente sei caduto un paio di volte...dozzine di volte prima di riuscirci finalmente, ti sei alzato (forse hai urlato "Ce l'ho fatta!"), e hai pedalato come il vento. Imposta obiettivi futuri con lo stesso atteggiamento. "Ok, cosa ha funzionato, cosa no, e come voglio crescere?" diventa il mantra quotidiano. Questo non significa che lo farai perfettamente ogni volta, ma analizzare le prestazioni passate ti fornisce dati – roba potente!

Creare un piano d'azione concreto è dove accade la magia. È come piantare semi (ma non stiamo parlando di piante qui) – la crescita continua è l'obiettivo. Scomponi gli obiettivi principali in piccoli compiti facili da affrontare. Ci si sente più facile e meno opprimente. Per esempio, se migliorare nell'oratoria è il tuo obiettivo – non puntare subito a parlare in un grande evento. Inizia con discorsi in piccoli gruppi, poi forse con un team più grande, aumentando progressivamente man mano che acquisisci sicurezza.

Ecco un modo pratico per farlo:

Passo 1: Valuta Regolarmente le Tue Prestazioni

- Tieni un diario per annotare ciò che è stato difficile o facile.
- Identifica pattern costanti nei compiti, nelle emozioni o nei risultati.

Passo 2: Imposta Obiettivi Basati sulla Tua Analisi

- Usa le note sulle prestazioni per impostare obiettivi specifici e realizzabili.
- Priorizza in base ai tuoi sentimenti di eccitazione e difficoltà.

Passo 3: Crea Piani d'Azione a Misura di Crescita

- Scomponi gli obiettivi in compiti più piccoli – le piccole vittorie aumentano il morale.
- Assicurati che ogni compito abbia una scadenza per mantenere te stesso responsabile.

Ad esempio, se qualcuno riflette che evita sempre i compiti difficili fino alla scadenza. Un obiettivo potrebbe riguardare la gestione del tempo in modo più efficace, e un piano d'azione sarebbe impostare mini-scadenze durante la settimana. La crescita poi deriva dal rispetto costante di queste mini-scadenze, imparando lungo il cammino, e adattandosi se necessario.

Sottolineiamo l'importanza di fare tutto ciò regolarmente. Senza una riflessione e una pianificazione costanti, è come vagare in una fitta nebbia. Come si addice al titolo, **"La gestione efficace dell'valutazione delle attività e della riflessione... è il segreto per un miglioramento e una crescita sostenuti!"** Fai divertente, però! La riflessione può sembrare spaventosa e seria, ma non deve esserlo se è intrecciata in modo completo e costante nella tua vita di tutti i giorni.

Quindi, prendi quel diario, inizia a annotare e valutare, imposta obiettivi realizzabili basati sulle tue valutazioni, crea passaggi concreti, e vediamo come puoi costruire un impulso inarrestabile pianeta...pezzetto per pezzetto.

Mettiamoci Pratici!

E siamo partiti... immergendoci subito nella bellezza della vita disciplinata! In questo esercizio, stiamo seguendo un approccio passo dopo passo per implementare tutto ciò che è stato insegnato nel Capitolo 9 del nostro splendido libro, "Il Potere della Positiva Autodisciplina". La nostra missione? Assicurare risultati duraturi padroneggiando l'autodisciplina nella tua vita quotidiana. Pronto per iniziare? Cominciamo!

Definire le Motivazioni a Lungo Termine

Pensa a ciò che accende veramente il tuo spirito - quei grandi sogni che fanno brillare i tuoi occhi. Scrivi questi obiettivi a lungo termine. Rifletti su di essi; chiediti, "Perché voglio questo?" Ad esempio, se il tuo obiettivo è correre una maratona, annota le ragioni, come migliorare la salute, aumentare la resistenza, o addirittura raccogliere fondi per beneficenza. **Scrivere approfondisce il tuo impegno**.

Implementare Kaizen

Adotta il metodo del miglioramento continuo... esatto, stiamo parlando di Kaizen qui. Per il tuo obiettivo di maratona, inizia incorporando piccoli cambiamenti incrementali nella tua routine. Potrebbe significare iniziare con una corsa di mezzo miglio tre volte a settimana. Tieni traccia dei tuoi progressi! Per ogni piccolo successo, festeggia un po' - magari concedendoti un'ora in più di una serie TV che ti piace. Piccoli cambiamenti nel tempo si accumulano in magnifiche trasformazioni.

Trovare Equilibrio: Riposo & Sforzo

L'equilibrio è un eroe misconosciuto. Ti stai impegnando duramente per quella maratona, ma il riposo è altrettanto cruciale. Pianifica giorni di riposo per evitare il burnout - pensa al recupero muscolare, alla rigenerazione mentale, e a mantenere una routine sostenibile. Va bene rilassarsi e leggere un libro o guardare un film ogni tanto. Soffermarti in un caffè con un amico è oro per l'anima. E fidati, le tue gambe (e la tua mente) ti ringrazieranno.

Disciplina in Tutti gli Aspetti della Vita

La coerenza è il tuo pane quotidiano... spalmiamo quel burro il più uniformemente possibile in tutti gli aspetti della tua vita. Inizia a pianificare tempi regolari per le attività pertinenti al tuo obiettivo. Supponi di voler imparare a suonare la chitarra insieme all'allenamento per la maratona? Fantastico! Dedica un'ora specifica esclusivamente alla pratica musicale ogni settimana e attieniti religiosamente ad essa. Questo abitudine porta disciplina ovunque, trasformandoti in una potenza di produttività.

Sessione di Riflessione

Prendi quel diario o apri un nuovo documento sul tuo dispositivo. È tempo per una riflessione sincera e profonda. Ogni settimana, annota ciò che funziona e ciò che non funziona. Hai raggiunto i tuoi obiettivi di corsa? Se sì, come ti ha fatto sentire? (Sì, vantati un po'!) Se no, sii gentile con te stesso e identifica il motivo. Qui avviene la pianificazione futura - stabilisci quali modifiche sono necessarie nel tuo piano. Risolvi come se stessi chiacchierando con un amico... solo che quell'amico sei tu di una settimana fa.

Esempio di riflessione: "Questa settimana ho corso tre volte ma ho saltato il giovedì perché mi sono concesso una cena di indulgenza a metà settimana con gli amici. Comunque ne ho apprezzato ogni istante. Per la prossima settimana, sposterò il mio giorno di riposo al giovedì e proverò una corsa serale prima di concedermi."

Visualizzare il Successo Futuro

Metti in moto quei cervelli creativi! Immagina il risultato finale di successo dei tuoi obiettivi con abitudini di autodisciplina radicate nella tua routine quotidiana. Immaginati mentre attraversi il traguardo della maratona, immagina gli applausi, e assapora quella vittoria futura. Dipingi un quadro mentale vivido ma con tonalità realistiche.

Esempio: Visualizzando non solo la gloria del traguardo ma anche i momenti difficili che hai superato lungo il cammino. Le vere vittorie sono quelle dure conquistate con tenacia e fatica.

Celebra i traguardi intermedi

Dopo tutto questo duro lavoro, piccole celebrazioni ti mantengono motivato. Hai completato la tua corsa più lunga fino ad ora? Concediti quel dolce preferito dopo (Io prendo il croissant, per favore!). Hai rispettato il tuo programma di chitarra? Guarda quel film senza sensi di colpa.

Datti una pacca sulla spalla - no, seriamente, fallo! La disciplina merita riconoscimento.

I piedi che battono a ritmo con il nostro manuale pratico per risultati duraturi attraverso la disciplina? Perfetto! Ecco fatto... un percorso scorrevole, pratico, senza gergo per evocare quelle abilità acquisite nel Capitolo 9. Riempi ognuno con sforzi sinceri supportati dalla disciplina quotidiana e un pizzico di pazienza, e non solo sopravviverai ma prospererai assolutamente.

Gioco aperto! Sei sulla strada per raggiungere quei risultati duraturi.

Conclusione

"La disciplina personale inizia con il dominio dei tuoi pensieri. Se non controlli ciò che pensi, non puoi controllare ciò che fai." - Napoleon Hill.

Quindi, siamo arrivati alla fine di questo libro - il **viaggio** attraverso Il Potere della Disciplina Positiva Personale. *Ti senti ispirato?* Riassumiamo e ti lasciamo pronto ad affrontare il mondo con le tue nuove abilità.

Fin dall'inizio, abbiamo scoperto la scienza dietro la disciplina personale positiva. Abbiamo iniziato esplorando la disciplina positiva, le sue basi biologiche e come funziona la forza di volontà nel nostro cervello. È affascinante vedere come le emozioni giocano un ruolo significativo nella nostra capacità di rimanere disciplinati. La disciplina positiva non solo ci aiuta a raggiungere i nostri obiettivi, ma beneficia anche notevolmente della nostra salute mentale. È come impilare mattoni per costruire una fortezza, solida e utile.

Mentre passavamo a capire il cambiamento, abbiamo esplorato come conquistare il pregiudizio che ci tiene radicati nelle nostre zone di comfort e identificato modi per superare la paura di andare avanti. Con resilienza e pensiero positivo, hai imparato il potere dei cambiamenti di mentalità e creato la tua visione per la crescita personale, come dipingere un capolavoro un pennello alla volta.

Ah, la forza mentale! Questa parte era cruciale. Abbiamo scoperto cosa significa veramente la forza mentale e come rafforzarla. Concentrazione, funzioni esecutive, flessibilità cognitiva e controllo degli impulsi sono pilastri fondamentali. Immagina questi come strumenti affilati che hai aggiunto al tuo kit, ciascuno con uno scopo specifico e vitale.

Non ci siamo fermati qui - stabilire obiettivi con intento, costruire abitudini produttive, capire gli obiettivi SMART, la visualizzazione e le routine hanno aggiunto strati al nostro quadro. Questi strumenti sono le tue mappe, che ti guidano a superare colline e valli mentre vai avanti.

Nella sezione di applicazione pratica, chi potrebbe dimenticare le tecniche di gestione del tempo? Il Pomodoro, il blocco del tempo e la Matrice di Eisenhower servono tutti a massimizzare le tue ore. Il lavoro profondo e piccoli cambiamenti nella routine, come la Regola dei Due Minuti, forniscono percorsi per giornate efficienti e produttive.

Infine, ottenere risultati duraturi attraverso una pratica costante - non è questo ciò che tutti stiamo cercando? Motivazione sostenibile, kaizen, equilibrare lavoro e riposo e integrare la disciplina in varie aree della vita completano il kit.

Il tuo ultimo passo? *Applica.* Prendi ciò che hai letto, ciò che hai imparato e praticalo quotidianamente. Si tratta di prendere queste intuizioni e incorporarle nel tuo ritmo di vita. La disciplina personale può servirti come nient'altro, raggiungendo ogni angolo del tuo mondo.

Ecco un pensiero personale - padroneggiare la disciplina personale sembra come sbloccare una forza nascosta che hai sempre posseduto ma che non sapevi esistesse. Quindi esci con fiducia e lascia che queste tecniche plasmino il tuo presente e futuro. È tempo di azione e possibilità infinite...

La tua vita migliore ti aspetta. Afferriamola!

Una Recensione Aiuterebbe!

Quando supporti un autore indipendente, stai sostenendo un sogno.

Se sei soddisfatto, per favore lascia un feedback onesto seguendo questi passaggi:

- **Clicca** sul link qui sotto
- **Seleziona** la copertina del libro che hai acquistato
- **Clicca** su Recensione
- **Invia**

Se hai suggerimenti per miglioramenti, per favore invia un'email ai contatti che puoi trovare al link qui sotto.

In alternativa, puoi **scansionare il codice QR** e trovare il link dopo aver selezionato il tuo libro.

Ci vogliono solo pochi secondi, ma la tua voce ha un enorme impatto.

Visita questo link per lasciare un feedback:

https://pxl.to/LoganMind

Unisciti al mio Team di Revisione!

Grazie per aver letto il mio libro! Il tuo tempo e interesse significano molto per me. Mi piacerebbe invitarti a far parte del mio **Team di Revisione**. Il tuo feedback onesto sarebbe incredibilmente prezioso e, come vantaggio, riceverai una copia gratuita di tutti i nuovi libri che pubblico.

Segui questi semplici passaggi per unirti al team ARC:

- Clicca sul link o scansiona il codice QR.
- Clicca sulla copertina del libro nella pagina che si apre.
- Clicca su "Unisciti al Team di Revisione".
- Registrati su **BookSprout**.
- Ricevi una notifica ogni volta che pubblico un nuovo libro.

Scopri il team qui:

https://pxl.to/LoganMind